Zoutarm Genieten

Smaakvolle Recepten voor een Gezond Hart

Emma Jansen

Samenvatting

Forel-wortelsoep 12

Kalkoen en venkelstoofpot 13

aubergine soep 14

zoete aardappel crème 15

Kip- en champignonsoep 16

pan met zalm 17

Aardappelsalade 18

Braadpan met gehakt en tomaten 20

Salade van garnalen en avocado 21

Broccolicrème 22

Koolsoep 23

Selderij- en bloemkoolsoep 24

Varkensvlees- en preisoep 25

Garnalen met munt- en broccolisalade 26

Garnalen- en kabeljauwsoep 27

Mengsel van garnalen en ui 28

spinazie stoofpot 29

Curried bloemkoolmix 30

Stoofpotje van wortel en courgette 31

Stoofpot van kool en sperziebonen 32

Champignonsoep 33

chili varkensvlees 34

Champignonsalade met paprika en zalm 35

Een mengsel van kikkererwten en aardappelen 36

Kardemom Kipmengsel 38

chili linzen 40

andijvie met rozemarijn 41

andijvie met citroen 42

Pesto van asperges 43

wortel paprika 44

romige aardappelschotel 45

sesam kool 46

broccoli met koriander 47

Spruitjes met chilipeper 48

Mix van spruitjes en groene ui 49

bloemkoolpuree 50

Avocadosalade 51

radijs salade 52

andijvie salade 53

Een mengsel van olijven en maïs 54

Salade van rucola en pijnboompitten 55

amandelen en spinazie 56

Sperzieboontjes en veldsla 57

Salade van andijvie en kool 58

wij eten salade 59

Druiven- en avocadosalade 60

Gemengde aubergines met oregano 61

geroosterd tomatenmengsel 62

champignons met tijm 63

Spinazie en maïsstoofpot 64

Voeg de maïs en bieslook toe 65

Spinazie-mangosalade 66

mosterd aardappelen 67

Kokosspruitjes 68

wortel salie 69

Knoflookchampignons en maïs 70

groene bonenpesto 71

tomaat met dragon 72

Rode biet-amandelen 73

Pepermunttomaten en maïs 74

Courgette- en avocadosaus 75

Het mengsel van appels en kool 76

geroosterde rode biet 77

dille kool 78

Kool-wortelsalade 79

Tomaten- en olijvensaus 80

Courgettesalade 81

Wortelsalade met curry 82

Sla en bieten 83

plantaardige radijsjes 84

Geroosterde venkelmix 85

Gebakken paprika's 86

Dadel- en koolstoofpot 87

mengsel van zwarte bonen 88

Mengsel van olijven en andijvie 89

Tomaat-komkommersalade 90

Paprika-wortelsalade 91

Een mengsel van zwarte bonen en rijst 92

Een mengsel van rijst en bloemkool 93
balsamicobonenmengsel 94
romige rode biet 95
Mengsel van avocado en peper 96
Geroosterde zoete aardappelen en rode biet 97
gekookte kool 98
gekruide wortels 99
artisjokken met citroen 100
Broccoli, bonen en rijst 101
Geroosterde Pompoenmix 102
romige asperges 103
Mix van raapbasilicum 104
Een mengsel van rijst en kappertjes 105
Een mix van spinazie en boerenkool 106
Mix van garnalen en ananas 107
Zalm en groene olijven 108
zalm en venkel 109
kabeljauw en asperges 110
gekruide garnalen 111
zeebaars en kerstomaatjes 112
garnalen en bonen 113
Het mengsel van garnalen en mierikswortel 114
Salade van garnalen en dragon 115
kabeljauw parmigiana 116
Mix van tilapia en rode ui 117
forel salade 118
balsamico forel 119

peterselie peterselie	120
Forel- en groentesalade	121
saffraan zalm	122
Salade van garnalen en watermeloen	123
Garnalensalade met oregano en quinoa	124
Krab salade	125
Sint-jakobsschelpen met balsamico	126
Romig mengsel voor tong	127
Pittige mix van zalm en mango	128
Garnalen en dille mengsel	129
Zalmkoekjes	130
garnalen met artisjokken	131
Garnalen met citroensaus	132
Een mengsel van tonijn en sinaasappels	133
zalm kerrie	134
Mengsel van zalm en wortelen	135
Mix van garnalen en pijnboompitten	136
Kabeljauw met paprika en sperziebonen	137
knoflookteentjes	138
Romige mix van zeebaars	139
Een mengsel van zeebaars en champignons	140
zalm soep	141
Nootmuskaat garnalen	142
Mix van garnalen en rood fruit	143
Gebakken citroenforel	144
Sint-Jakobsschelpen met bieslook	145
tonijn karbonades	146

pan met zalm	147
gemengde kabeljauw met mosterd	148
Mix van garnalen en asperges	149
kabeljauw en erwten	150
Garnalen- en mosselschalen	151
munt crème	152
frambozenpudding	153
amandel repen	154
mengsel van geroosterde perziken	155
Walnoten taart	156
appeltaart	157
kaneel crème	158
Romige aardbeienmix	159
Brownies met vanille-pecannoten	160
aardbeientaart	161
cacaopudding	163
Vanillecrème met nootmuskaat	164
avocado-crème	165
frambozen crème	166
watermeloen salade	167
Mix van peren en kokosnoot	168
Appeljam	169
abrikozenstoofpot	170
Mengeling van citroen en meloen	171
romige rabarberdip	172
ananas kommen	173
bosbessen stoofpot	174

Citroenpudding	175
perzik crème	176
Mengsel van kaneel en pruim	177
Appel Chia en Vanille	178
Rijst- en perenpudding	179
rabarber stoofpot	180
rabarber crème	181
bosbessen salade	182
Datum en bananencrème	183
pruimen sandwiches	184
Kommen met pruimen en rozijnen	185
zonnebloem stokken	186
Bosbessen-cachou-kommen	187
Kommen met sinaasappelen en mandarijnen	188
Pompoen crème	189
Een mengsel van vijgen en rabarber	190
pittige bananen	191
cacaococktail	192
bananenrepen	193
Groene thee en dadelrepen	194
walnoot crème	195
Citroencake	196
rozijnen repen	197
nectarine vierkantjes	198
druivenstoofpot	199
mandarijn- en pruimencrème	200
Kersen- en aardbeiencrème	201

Rijst- en kardemompudding 202

peren brood 203

Rijstpudding en kersen 204

watermeloen stoofpot 205

gemberpudding 206

cashew crème 207

hennep taarten 208

Kommen met amandelen en granaatappels 209

Kippendijen en groenten met rozemarijn 210

Kip met wortelen en kool 212

Sandwich met aubergines en kalkoen 213

Forel-wortelsoep

Bereidingstijd: 10 minuten
Kooktijd: 25 minuten
Porties: 4

Ingrediënten:
- 1 gele ui, gehakt
- 12 kopjes natriumarme visbouillon
- 1 kilo wortelen, in plakjes gesneden
- 1 kg forelfilets, zonder vel, zonder vel en in blokjes gesneden
- 1 eetlepel zoete paprika
- 1 kop tomaten, in blokjes gesneden
- 1 eetlepel olijfolie
- zwarte peper naar smaak

Instructies:
1. Verhit een pan met olijfolie op middelhoog vuur, voeg de ui toe, roer en bak 5 minuten.
2. Voeg de vis, wortels en andere ingrediënten toe, breng aan de kook en kook op middelhoog vuur gedurende 20 minuten.
3. Verdeel de soep over kommen en serveer.

Voeding: calorieën 361, vet 13,4, vezels 4,6, koolhydraten 164, eiwit 44,1

Kalkoen en venkelstoofpot

Bereidingstijd: 10 minuten
Kooktijd: 45 minuten
Porties: 4

Ingrediënten:
- 1 kalkoenborst zonder vel, zonder been en in blokjes gesneden
- 2 venkelknollen fijngesneden
- 1 eetlepel olijfolie
- 2 laurierblaadjes
- 1 gele ui, gehakt
- 1 kopje tomaten uit blik, ongezouten
- 2 natriumarme runderbouillon
- 3 teentjes knoflook, fijngehakt
- zwarte peper naar smaak

Instructies:
1. Verhit een pan met olie op middelhoog vuur, voeg de ui en het vlees toe en bak 5 minuten.
2. Voeg de venkel en andere ingrediënten toe, breng aan de kook en kook op middelhoog vuur gedurende 40 minuten, af en toe roerend.
3. Verdeel de stoofpot over kommen en serveer.

Voeding: Calorieën 371, Vet 12,8, Vezels 5,3, Koolhydraten 16,7, Eiwit 11,9

aubergine soep

Bereidingstijd: 10 minuten
Bereidingstijd: 30 minuten
Porties: 4

Ingrediënten:
- 2 grote aubergines, grof gesneden
- 1 liter natriumarme groentebouillon
- 2 eetlepels ongezouten tomatenpuree
- 1 rode ui, gehakt
- 1 eetlepel olijfolie
- 1 eetlepel koriander, gehakt
- Een snufje zwarte peper

Instructies:
1. Verhit een pan met olijfolie op middelhoog vuur, voeg de ui toe, roer en bak 5 minuten.
2. Voeg de aubergines en de overige ingrediënten toe, zet op middelhoog vuur, kook gedurende 25 minuten, verdeel over kommen en serveer.

Voeding: Calorieën 335, Vet 14,4, Vezels 5, Koolhydraten 16,1, Eiwit 8,4

zoete aardappel crème

Bereidingstijd: 10 minuten
Kooktijd: 25 minuten
Porties: 4

Ingrediënten:
- 4 kopjes groentebouillon
- 2 eetlepels avocado-olie
- 2 zoete aardappelen, schoongemaakt en in blokjes gesneden
- 2 gele uien, gehakt
- 2 teentjes knoflook, fijngehakt
- 1 kopje kokosmelk
- Een snufje zwarte peper
- ½ theelepel basilicum, gehakt

Instructies:
1. Verhit een pan met olijfolie op middelhoog vuur, voeg de ui en knoflook toe, roer en bak 5 minuten.
2. Voeg de zoete aardappelen en de overige ingrediënten toe, breng aan de kook en kook op middelhoog vuur gedurende 20 minuten.
3. Pureer de soep met een staafmixer, giet hem in kommen en serveer hem als lunch.

Voeding: Calorieën 303, Vet 14,4, Vezels 4, Koolhydraten 9,8, Eiwit 4,5

Kip- en champignonsoep

Bereidingstijd: 10 minuten
Bereidingstijd: 30 minuten
Porties: 4

Ingrediënten:
- 1 liter groentebouillon, laag natriumgehalte
- 1 eetlepel gember, geraspt
- 1 gele ui, gehakt
- 1 eetlepel olijfolie
- 1 kilo kipfilet zonder vel, uitgebeend en in blokjes gesneden
- ½ kilogram gesneden witte champignons
- 4 Thaise paprika's fijngesneden
- ¼ kopje citroensap
- ¼ kopje koriander, gehakt
- Een snufje zwarte peper

Instructies:
1. Verhit een pan met olijfolie op middelhoog vuur, voeg de ui, gember, paprika en vlees toe, meng en bak 5 minuten.
2. Voeg de champignons toe, meng en kook nog 5 minuten.
3. Voeg de overige ingrediënten toe, breng aan de kook en kook op middelhoog vuur nog eens 20 minuten.
4. Verdeel de soep over kommen en serveer direct.

Voeding: Calorieën 226, Vet 8,4, Vezels 3,3, Koolhydraten 13,6, Eiwit 28,2

pan met zalm

Bereidingstijd: 10 minuten
Bereidingstijd: 20 minuten
Porties: 4

Ingrediënten:
- 4 zalmfilets zonder bot
- 3 teentjes knoflook, fijngehakt
- 1 gele ui, gehakt
- zwarte peper naar smaak
- 2 eetlepels olijfolie
- Sap van 1 limoen
- 1 eetlepel citroenschil, geraspt
- 1 eetlepel tijm, gehakt

Instructies:
1. Verhit een pan met olijfolie op middelhoog vuur, voeg de ui en knoflook toe, roer en bak 5 minuten.
2. Voeg de vis toe en bak 3 minuten aan elke kant.
3. Voeg de overige ingrediënten toe, kook alles nog 10 minuten, verdeel het in borden en serveer als lunch.

Voeding: Calorieën 315, Vet 18,1, Vezels 1,1, Koolhydraten 4,9, Eiwit 35,1

Aardappelsalade

Bereidingstijd: 10 minuten
Bereidingstijd: 20 minuten
Porties: 4

Ingrediënten:
- 2 gehakte tomaten
- 2 avocado's, ontpit en in plakjes gesneden
- 2 kopjes babyspinazie
- 2 gehakte bieslook
- 1 kg aardappelen, bruin, gekookt, geschild en in plakjes gesneden
- 1 eetlepel olijfolie
- 1 eetlepel citroensap
- 1 gele ui, gehakt
- 2 teentjes knoflook, fijngehakt
- zwarte peper naar smaak
- 1 bosje koriander, gehakt

Instructies:
1. Verhit een pan met olijfolie op middelhoog vuur, voeg de ui, bieslook en knoflook toe, roer en bak 5 minuten.
2. Voeg de aardappelen toe, meng voorzichtig en kook nog 5 minuten.
3. Voeg de rest van de ingrediënten toe, meng, kook nog eens 10 minuten op middelhoog vuur, verdeel in kommen en serveer als lunch.

Voeding: Calorieën 342, Vet 23,4, Vezels 11,7, Koolhydraten 33,5, Eiwit 5

Braadpan met gehakt en tomaten

Bereidingstijd: 10 minuten
Bereidingstijd: 20 minuten
Porties: 4

Ingrediënten:
- 1 kilo gehakt
- 1 rode ui, gehakt
- 1 eetlepel olijfolie
- 1 kop kerstomaatjes, gehalveerd
- ½ rode paprika, gehakt
- zwarte peper naar smaak
- 1 eetlepel knoflook, fijngehakt
- 1 eetlepel rozemarijn, gehakt
- 3 eetlepels natriumarme runderbouillon

Instructies:
1. Verhit een pan met olijfolie op middelhoog vuur, voeg de ui en de paprika toe, meng en bak 5 minuten.
2. Voeg het vlees toe, meng en kook nog 5 minuten.
3. Voeg de overige ingrediënten toe, meng, kook gedurende 10 minuten, verdeel in kommen en serveer als lunch.

Voeding: Calorieën 320, Vet 11,3, Vezels 4,4, Koolhydraten 18,4, Eiwit 9

Salade van garnalen en avocado

Bereidingstijd: 5 minuten
Bereidingstijd: 0 minuten
Porties: 4

Ingrediënten:
- 1 sinaasappel, geschild en in plakjes gesneden
- 1 kilo garnalen, gekookt, schoongemaakt en gestript
- 2 kopjes kiprucola
- 1 avocado, ontpit, geschild en in stukjes gesneden
- 2 eetlepels olijfolie
- 2 eetlepels balsamicoazijn
- ½ sinaasappelsap
- zout en zwarte peper

Instructies:
1. Meng de garnalen met de sinaasappels en andere ingrediënten in een slakom, meng en serveer als lunch.

Voeding: Calorieën 300, Vet 5,2, Vezels 2, Koolhydraten 11,4, Eiwit 6,7

Broccolicrème

Bereidingstijd: 10 minuten
Kooktijd: 40 minuten
Porties: 4

Ingrediënten:
- 2 kilo broccoliroosjes
- 1 gele ui, gehakt
- 1 eetlepel olijfolie
- zwarte peper naar smaak
- 2 teentjes knoflook, fijngehakt
- 3 kopjes natriumarme runderbouillon
- 1 kopje kokosmelk
- 2 eetlepels koriander, gehakt

Instructies:
1. Verhit een pan met olijfolie op middelhoog vuur, voeg de ui en knoflook toe, roer en bak 5 minuten.
2. Voeg de broccoli en de overige ingrediënten behalve de kokosmelk toe, breng aan de kook en kook op middelhoog vuur nog eens 35 minuten.
3. Pureer de soep in de blender, voeg de kokosmelk toe, mix opnieuw, verdeel in kommen en serveer.

Voeding: Calorieën 330, Vet 11,2, Vezels 9,1, Koolhydraten 16,4, Eiwit 9,7

Koolsoep

Bereidingstijd: 10 minuten
Kooktijd: 40 minuten
Porties: 4

Ingrediënten:
- 1 grote krop groene kool, grof gesneden
- 1 gele ui, gehakt
- 1 eetlepel olijfolie
- zwarte peper naar smaak
- 1 prei fijngesneden
- 2 kopjes natriumarme tomaten in blik
- 4 kopjes natriumarme kippenbouillon
- 1 eetlepel koriander, gehakt

Instructies:
1. Verhit een pan met olijfolie op middelhoog vuur, voeg de ui en prei toe, meng en bak 5 minuten.
2. Voeg de kool en de overige ingrediënten toe, behalve de koriander, breng aan de kook en kook op middelhoog vuur gedurende 35 minuten.
3. Giet de soep in kommen, strooi de koriander erover en serveer.

Voeding: Calorieën 340, Vet 11,7, Vezels 6, Koolhydraten 25,8, Eiwit 11,8

Selderij- en bloemkoolsoep

Bereidingstijd: 10 minuten
Kooktijd: 40 minuten
Porties: 4

Ingrediënten:
- 2 kilo bloemkoolroosjes
- 1 rode ui, gehakt
- 1 eetlepel olijfolie
- 1 kop tomatenpuree
- zwarte peper naar smaak
- 1 kopje bleekselderij, gehakt
- 6 kopjes natriumarme kippenbouillon
- 1 eetlepel dille, gehakt

Instructies:
4. Verhit een pan met olijfolie op middelhoog vuur, voeg de ui en de bleekselderij toe, meng en bak gedurende 5 minuten.
5. Voeg de bloemkool en andere ingrediënten toe, breng aan de kook en kook nog eens 35 minuten op middelhoog vuur.
6. Verdeel de soep over kommen en serveer.

Voeding: Calorieën 135, Vet 4, Vezels 8, Koolhydraten 21,4, Eiwit 7,7

Varkensvlees- en preisoep

Bereidingstijd: 10 minuten
Kooktijd: 40 minuten
Porties: 4

Ingrediënten:
- 1 kg varkensstoofpot in blokjes
- zwarte peper naar smaak
- 5 preien gehakt
- 1 gele ui, gehakt
- 2 eetlepels olijfolie
- 1 eetlepel peterselie, gehakt
- 6 kopjes natriumarme runderbouillon

Instructies:
4. Verhit een pan met olijfolie op middelhoog vuur, voeg de ui en prei toe, meng en bak 5 minuten.
5. Voeg het vlees toe, meng en kook nog 5 minuten.
6. Voeg de overige ingrediënten toe, breng aan de kook en kook op middelhoog vuur gedurende 30 minuten.
7. Verdeel de soep over kommen en serveer.

Voeding: Calorieën 395, Vet 18,3, Vezels 2,6, Koolhydraten 18,4, Eiwit 38,2

Garnalen met munt- en broccolisalade

Bereidingstijd: 5 minuten
Bereidingstijd: 20 minuten
Porties: 4

Ingrediënten:
- 1/3 kopje natriumarme groentebouillon
- 2 eetlepels olijfolie
- 2 kopjes broccoliroosjes
- 1 kg schoongemaakte en gestripte garnalen
- zwarte peper naar smaak
- 1 gele ui, gehakt
- 4 kerstomaten gehalveerd
- 2 teentjes knoflook, fijngehakt
- Sap van ½ citroen
- ½ kopje Kalamata-olijven, ontpit en gehalveerd
- 1 eetlepel gehakte munt

Instructies:
1. Verhit een pan met olijfolie op middelhoog vuur, voeg de ui en knoflook toe, roer en bak 3 minuten.
2. Voeg de garnalen toe, meng en kook nog 2 minuten.
3. Voeg de broccoli en de overige ingrediënten toe, meng, kook alles gedurende 10 minuten, verdeel het in kommen en serveer als lunch.

Voeding: calorieën 270, vet 11,3, vezels 4,1, koolhydraten 14,3, eiwit 28,9

Garnalen- en kabeljauwsoep

Bereidingstijd: 10 minuten
Bereidingstijd: 20 minuten
Porties: 4

Ingrediënten:
- 1 liter natriumarme kippenbouillon
- ½ kg schoongemaakte en gestripte garnalen
- ½ kg kabeljauwfilets, zonder vel, zonder vel en in blokjes
- 2 eetlepels olijfolie
- 2 theelepels chilipoeder
- 1 theelepel zoete paprika
- 2 sjalotten gehakt
- Een snufje zwarte peper
- 1 eetlepel dille, gehakt

Instructies:
1. Verhit een pan met olijfolie op middelhoog vuur, voeg de sjalot toe, roer en bak 5 minuten.
2. Voeg de garnalen en kabeljauw toe en kook nog 5 minuten.
3. Voeg de overige ingrediënten toe, breng aan de kook en kook op middelhoog vuur gedurende 10 minuten.
4. Verdeel de soep over kommen en serveer.

Voeding: Calorieën 189, Vet 8,8, Vezels 0,8, Koolhydraten 3,2, Eiwit 24,6

Mengsel van garnalen en ui

Bereidingstijd: 10 minuten
Bereidingstijd: 10 minuten
Porties: 4

Ingrediënten:
- 2 kg schoongemaakte en gestripte garnalen
- 1 kop kerstomaatjes, gehalveerd
- 1 eetlepel olijfolie
- 4 groene uien, gehakt
- 1 eetlepel balsamicoazijn
- 1 eetlepel knoflook, fijngehakt

Instructies:
1. Verhit een pan met olijfolie op middelhoog vuur, voeg de ui en de kerstomaatjes toe, meng en bak 4 minuten.
2. Voeg de garnalen en andere ingrediënten toe, kook nog eens 6 minuten, verdeel over de borden en serveer.

Voeding: Calorieën 313, Vet 7,5, Vezels 1, Koolhydraten 6,4, Eiwit 52,4

spinazie stoofpot

Bereidingstijd: 10 minuten
Bereidingstijd: 15 minuten
Porties: 4

Ingrediënten:
- 1 eetlepel olijfolie
- 1 theelepel gember, geraspt
- 2 teentjes knoflook, fijngehakt
- 1 gele ui, gehakt
- 2 gehakte tomaten
- 1 kopje tomaten uit blik, ongezouten
- 1 theelepel komijn, gemalen
- Een snufje zwarte peper
- 1 kopje natriumarme groentebouillon
- 2 kg spinaziebladeren

Instructies:
1. Verhit een pan met olijfolie op middelhoog vuur, voeg de gember, knoflook en ui toe, roer en bak 5 minuten.
2. Voeg de tomaten, tomaten uit blik en andere ingrediënten toe, meng voorzichtig, breng aan de kook en kook nog eens 10 minuten.
3. Verdeel de stoofpot over kommen en serveer.

Voeding: Calorieën 123, Vet 4,8, Vezels 7,3, Koolhydraten 17, Eiwit 8,2

Curried bloemkoolmix

Bereidingstijd: 10 minuten
Kooktijd: 25 minuten
Porties: 4

Ingrediënten:
- 1 rode ui, gehakt
- 1 eetlepel olijfolie
- 2 teentjes knoflook, fijngehakt
- 1 rode paprika, gehakt
- 1 groene paprika, gehakt
- 1 eetlepel citroensap
- 1 kg bloemkoolroosjes
- 14 ons ingeblikte tomaten, in blokjes gesneden
- 2 theelepels kerriepoeder
- Een snufje zwarte peper
- 2 kopjes kokosroom
- 1 eetlepel koriander, gehakt

Instructies:
1. Verhit een pan met olijfolie op middelhoog vuur, voeg de ui en knoflook toe, roer en bak 5 minuten.
2. Voeg de paprika's en andere ingrediënten toe, breng aan de kook en kook op middelhoog vuur gedurende 20 minuten.
3. Verdeel alles in kommen en serveer.

Voeding: Calorieën 270, Vet 7,7, Vezels 5,4, Koolhydraten 12,9, Eiwit 7

Stoofpotje van wortel en courgette

Bereidingstijd: 10 minuten
Bereidingstijd: 30 minuten
Porties: 4

Ingrediënten:
- 1 gele ui, gehakt
- 2 eetlepels olijfolie
- 2 teentjes knoflook, fijngehakt
- 4 plakjes courgette
- 2 wortels, in plakjes gesneden
- 1 theelepel zoete paprika
- ¼ theelepel chilipoeder
- Een snufje zwarte peper
- ½ kopje tomaten, in blokjes gesneden
- 2 kopjes natriumarme groentebouillon
- 1 eetlepel knoflook, fijngehakt
- 1 eetlepel rozemarijn, gehakt

Instructies:
1. Verhit een pan met olijfolie op middelhoog vuur, voeg de ui en knoflook toe, roer en bak 5 minuten.
2. Voeg de courgettes, wortels en andere ingrediënten toe, breng aan de kook en kook nog eens 25 minuten.
3. Verdeel de stoofpot over kommen en serveer direct als lunch.

Voeding: Calorieën 272, Vet 4,6, Vezels 4,7, Koolhydraten 14,9, Eiwit 9

Stoofpot van kool en sperziebonen

Bereidingstijd: 10 minuten
Kooktijd: 25 minuten
Porties: 4

Ingrediënten:
- 2 eetlepels olijfolie
- 1 krop rode kool, gehakt
- 1 rode ui, gehakt
- 1 pond sperziebonen, bijgesneden en gehalveerd
- 2 teentjes knoflook, fijngehakt
- 7 ons ingeblikte tomaten, in blokjes gesneden zonder zout
- 2 kopjes natriumarme groentebouillon
- Een snufje zwarte peper
- 1 eetlepel dille, gehakt

Instructies:
1. Verhit een pan met olijfolie op middelhoog vuur, voeg de ui en knoflook toe, roer en bak 5 minuten.
2. Voeg de kool en andere ingrediënten toe, meng, dek af en kook op middelhoog vuur gedurende 20 minuten.
3. Verdeel in kommen en serveer als lunch.

Voeding: calorieën 281, vet 8,5, vezels 7,1, koolhydraten 14,9, eiwit 6,7

Champignonsoep

Bereidingstijd: 5 minuten
Bereidingstijd: 30 minuten
Porties: 4

Ingrediënten:
- 1 gele ui, gehakt
- 1 eetlepel olijfolie
- 1 rode chilipeper, gehakt
- 1 theelepel chilipoeder
- ½ theelepel peper
- 4 teentjes knoflook, fijngehakt
- 1 kg eekhoorntjesbrood, in plakjes gesneden
- 6 kopjes natriumarme groentebouillon
- 1 kopje tomaten, gehakt
- ½ theelepel peterselie, gehakt

Instructies:
1. Verhit een pan met olijfolie op middelhoog vuur, voeg de ui, chilipeper, chilipeper, chilipeper en knoflook toe, roer en bak 5 minuten.
2. Voeg de champignons toe, meng en kook nog 5 minuten.
3. Voeg de overige ingrediënten toe, breng aan de kook en kook op middelhoog vuur gedurende 20 minuten.
4. Verdeel de soep over kommen en serveer.

Voeding: Calorieën 290, Vet 6,6, Vezels 4,6, Koolhydraten 16,9, Eiwit 10

chili varkensvlees

Bereidingstijd: 10 minuten
Bereidingstijd: 30 minuten
Porties: 4

Ingrediënten:
- 2 kg varkensstoofpot in blokjes
- 2 eetlepels chilipasta
- 1 gele ui, gehakt
- 2 teentjes knoflook, fijngehakt
- 1 eetlepel olijfolie
- 2 kopjes natriumarme runderbouillon
- 1 eetlepel gehakte oregano

Instructies:
1. Verhit een pan met olijfolie op middelhoog vuur, voeg de ui en knoflook toe, roer en bak 5 minuten.
2. Voeg het vlees toe en kook nog 5 minuten.
3. Voeg de overige ingrediënten toe, breng aan de kook en kook op middelhoog vuur nog eens 20 minuten.
4. Verdeel het mengsel in kommen en serveer.

Voeding: Calorieën 363, Vet 8,6, Vezels 7, Koolhydraten 17,3, Eiwit 18,4

Champignonsalade met paprika en zalm

Bereidingstijd: 10 minuten
Bereidingstijd: 20 minuten
Porties: 4

Ingrediënten:
- 10 ons gerookte, natriumarme, zonder bot, zonder vel, in blokjes gesneden zalm
- 2 groene uien, gehakt
- 2 rode pepers, gehakt
- 1 eetlepel olijfolie
- ½ theelepel gedroogde oregano
- ½ theelepel gerookte paprikapoeder
- Een snufje zwarte peper
- 8 ons eekhoorntjesbrood, in plakjes gesneden
- 1 eetlepel citroensap
- 1 kopje ontpitte en gehalveerde zwarte olijven
- 1 eetlepel peterselie, gehakt

Instructies:
1. Verhit een pan met olijfolie op middelhoog vuur, voeg de ui en chili toe, roer en bak 4 minuten.
2. Voeg de champignons toe, meng en bak 5 minuten.
3. Voeg de zalm en de overige ingrediënten toe, meng, kook alles nog eens 10 minuten, verdeel het in kommen en serveer als lunch.

Voeding: calorieën 321, vet 8,5, vezels 8, koolhydraten 22,2, eiwit 13,5

Een mengsel van kikkererwten en aardappelen

Bereidingstijd: 10 minuten
Bereidingstijd: 30 minuten
Porties: 4

Ingrediënten:
- 2 eetlepels olijfolie
- 1 kopje kikkererwten uit blik, ongezouten, uitgelekt en gespoeld
- 1 kilo zoete aardappelen, geschild en in plakjes gesneden
- 4 teentjes knoflook, fijngehakt
- 2 sjalotten gehakt
- 1 kopje tomaten uit blik, ongezouten en gehakt
- 1 theelepel koriander, gemalen
- 2 gehakte tomaten
- 1 kopje natriumarme groentebouillon
- Een snufje zwarte peper
- 1 eetlepel citroensap
- 1 eetlepel koriander, gehakt

Instructies:
1. Verhit een pan met olijfolie op middelhoog vuur, voeg de sjalotten en knoflook toe, roer en bak 5 minuten.
2. Voeg de kikkererwten, aardappelen en andere ingrediënten toe, breng aan de kook en kook op middelhoog vuur gedurende 25 minuten.
3. Verdeel alles in kommen en serveer als lunch.

Voeding: Calorieën 341, Vet 11,7, Vezels 6, Koolhydraten 14,9, Eiwit 18,7

Kardemom Kipmengsel

Bereidingstijd: 10 minuten
Bereidingstijd: 30 minuten
Porties: 4

Ingrediënten:
- 1 eetlepel olijfolie
- 1 kilo kipfilet zonder vel, uitgebeend en in blokjes gesneden
- 1 sjalot gehakt
- 1 eetlepel gember, geraspt
- 2 teentjes knoflook, fijngehakt
- 1 theelepel kardemom, gemalen
- ½ theelepel kurkumapoeder
- 1 theelepel citroensap
- 1 kopje natriumarme kippenbouillon
- 1 eetlepel koriander, gehakt

Instructies:
1. Verhit een pan met olijfolie op middelhoog vuur, voeg de sjalotjes, gember, knoflook, kardemom en saffraan toe, roer en bak 5 minuten.
2. Voeg het vlees toe en kook 5 minuten.
3. Voeg de overige ingrediënten toe, breng alles aan de kook en laat 20 minuten koken.
4. Verdeel het mengsel in kommen en serveer.

Voeding: Calorieën 175, Vet 6,5, Vezels 0,5, Koolhydraten 3,3, Eiwit 24,7

chili linzen

Bereidingstijd: 10 minuten
Bereidingstijd: 35 minuten
Porties: 6

Ingrediënten:
- 1 groene paprika, gehakt
- 1 eetlepel olijfolie
- 2 gehakte bieslook
- 2 teentjes knoflook, fijngehakt
- 24 ons ingeblikte linzen, ongezouten, uitgelekt en gespoeld
- 2 kopjes groentebouillon
- 2 eetlepels chilipoeder, licht
- ½ theelepel chipotlepoeder
- 30 ons ingeblikte tomaten, ongezouten, gehakt
- Een snufje zwarte peper

Instructies:
1. Verhit een pan met olijfolie op middelhoog vuur, voeg de ui en knoflook toe, roer en bak 5 minuten.
2. Voeg de paprika, linzen en andere ingrediënten toe, breng aan de kook en kook op middelhoog vuur gedurende 30 minuten.
3. Verdeel de chilipeper over kommen en serveer hem als lunch.

Voeding: Calorieën 466, Vet 5, Vezels 37,6, Koolhydraten 77,9, Eiwit 31,2

andijvie met rozemarijn

Bereidingstijd: 10 minuten
Bereidingstijd: 20 minuten
Porties: 4

Ingrediënten:
- 2 andijvie in de lengte gesneden
- 2 eetlepels olijfolie
- 1 theelepel gedroogde rozemarijn
- ½ theelepel kurkumapoeder
- Een snufje zwarte peper

Instructies:
1. Combineer de andijvie met de olie en de overige ingrediënten in een ovenschaal, roer voorzichtig, plaats in de oven en kook op 400 graden F gedurende 20 minuten.
2. Verdeel over borden en serveer als bijgerecht.

Voeding: Calorieën 66, Vet 7,1, Vezels 1, Koolhydraten 1,2, Eiwit 0,3

andijvie met citroen

Bereidingstijd: 10 minuten
Bereidingstijd: 20 minuten
Porties: 4

Ingrediënten:
- 4 andijvie, in de lengte doormidden gesneden
- 1 eetlepel citroensap
- 1 eetlepel citroenschil, geraspt
- 2 eetlepels magere Parmezaanse kaas, geraspt
- 2 eetlepels olijfolie
- Een snufje zwarte peper

Instructies:
1. Doe de andijvie met het citroensap en de overige ingrediënten, behalve de parmezaanse kaas, in een ovenschaal en meng.
2. Strooi de Parmezaanse kaas erover, rooster de andijvie 20 minuten op 200 graden F, verdeel over borden en serveer als bijgerecht.

Voeding: Calorieën 71, Vet 7,1, Vezels 0,9, Koolhydraten 2,3, Eiwit 0,9

Pesto van asperges

Bereidingstijd: 10 minuten
Bereidingstijd: 20 minuten
Porties: 4

Ingrediënten:
- 1 kilo asperges, gesneden
- 2 eetlepels basilicumpesto
- 1 eetlepel citroensap
- Een snufje zwarte peper
- 3 eetlepels olijfolie
- 2 eetlepels koriander, gehakt

Instructies:
1. Schik de asperges op een bakplaat, voeg de pesto en andere ingrediënten toe, meng, plaats in de oven en kook op 400 graden F gedurende 20 minuten.
2. Verdeel over borden en serveer als bijgerecht.

Voeding: Calorieën 114, Vet 10,7, Vezels 2,4, Koolhydraten 4,6, Eiwit 2,6

wortel paprika

Bereidingstijd: 10 minuten
Bereidingstijd: 30 minuten
Porties: 4

Ingrediënten:
- 1 kilo babywortelen, gehakt
- 1 eetlepel zoete paprika
- 1 theelepel citroensap
- 3 eetlepels olijfolie
- Een snufje zwarte peper
- 1 theelepel sesamzaadjes

Instructies:
1. Schik de wortels op een beklede bakplaat, voeg de paprika en de overige ingrediënten toe, behalve de sesamzaadjes, roer, plaats in de oven en kook op 400 graden F gedurende 30 minuten.
2. Verdeel de wortels over borden, bestrooi met sesamzaadjes en serveer als bijgerecht.

Voeding: Calorieën 142, Vet 11,3, Vezels 4,1, Koolhydraten 11,4, Eiwit 1,2

romige aardappelschotel

Bereidingstijd: 10 minuten
Kooktijd: 1 uur
Porties: 8

Ingrediënten:
- 1 kg gebruinde aardappelen, geschild en in blokjes gesneden
- 2 eetlepels olijfolie
- 1 rode ui, gehakt
- 2 teentjes knoflook, fijngehakt
- 2 kopjes kokosroom
- 1 eetlepel tijm, gehakt
- ¼ theelepel gemalen nootmuskaat
- ½ kopje magere Parmezaanse kaas, geraspt

Instructies:
1. Verhit een pan met olijfolie op middelhoog vuur, voeg de ui en knoflook toe en bak 5 minuten.
2. Voeg de aardappelen toe en kook nog 5 minuten.
3. Giet de room en de overige ingrediënten erbij, meng voorzichtig, breng aan de kook en laat nog 40 minuten op middelhoog vuur koken.
4. Verdeel het mengsel over borden en serveer als bijgerecht.

Voeding: calorieën 230, vet 19,1, vezels 3,3, koolhydraten 14,3, eiwit 3,6

sesam kool

Bereidingstijd: 10 minuten
Bereidingstijd: 20 minuten
Porties: 4

Ingrediënten:
- 1 kg groene kool, grof gesneden
- 2 eetlepels olijfolie
- Een snufje zwarte peper
- 1 sjalot gehakt
- 2 teentjes knoflook, fijngehakt
- 2 eetlepels balsamicoazijn
- 2 theelepels peper
- 1 theelepel sesamzaadjes

Instructies:
1. Verhit een pan met olijfolie op middelhoog vuur, voeg de sjalotten en knoflook toe en bak 5 minuten.
2. Voeg de kool en de andere ingrediënten toe, meng, kook op middelhoog vuur gedurende 15 minuten, verdeel over borden en serveer.

Voeding: Calorieën 101, Vet 7,6, Vezels 3,4, Koolhydraten 84, Eiwit 1,9

broccoli met koriander

Bereidingstijd: 10 minuten
Bereidingstijd: 30 minuten
Porties: 4

Ingrediënten:
- 2 eetlepels olijfolie
- 1 kg broccoliroosjes
- 2 teentjes knoflook, fijngehakt
- 2 eetlepels pepersaus
- 1 eetlepel citroensap
- Een snufje zwarte peper
- 2 eetlepels koriander, gehakt

Instructies:
1. Gooi de broccoli met olie, knoflook en andere ingrediënten in een ovenschaal, lichtbruin, plaats in de oven en kook op 400 graden F gedurende 30 minuten.
2. Verdeel het mengsel over borden en serveer als bijgerecht.

Voeding: Calorieën 103, Vet 7,4, Vezels 3, Koolhydraten 8,3, Eiwit 3,4

Spruitjes met chilipeper

Bereidingstijd: 10 minuten
Kooktijd: 25 minuten
Porties: 4

Ingrediënten:
- 1 eetlepel olijfolie
- 1 pond spruitjes, bijgesneden en gehalveerd
- 2 teentjes knoflook, fijngehakt
- ½ kopje magere mozzarella, geraspt
- Een handvol pepervlokken, geplet

Instructies:
1. Doe de kool in een ovenschaal met de olie en de overige ingrediënten, exclusief de kaas, en meng.
2. Strooi de kaas erover, zet in de oven en kook op 400 graden F gedurende 25 minuten.
3. Verdeel over borden en serveer als bijgerecht.

Voeding: Calorieën 91, Vet 4,5, Vezels 4,3, Koolhydraten 10,9, Eiwit 5

Mix van spruitjes en groene ui

Bereidingstijd: 10 minuten
Kooktijd: 25 minuten
Porties: 4

Ingrediënten:
- 2 eetlepels olijfolie
- 1 pond spruitjes, bijgesneden en gehalveerd
- 3 groene uien, gehakt
- 2 teentjes knoflook, fijngehakt
- 1 eetlepel balsamicoazijn
- 1 eetlepel zoete paprika
- Een snufje zwarte peper

Instructies:
1. Gooi spruitjes met olie en andere ingrediënten in een ovenschaal, roer en bak op 400 graden F gedurende 25 minuten.
2. Verdeel het mengsel over borden en serveer.

Voeding: Calorieën 121, Vet 7,6, Vezels 5,2, Koolhydraten 12,7, Eiwit 4,4

bloemkoolpuree

Bereidingstijd: 10 minuten
Kooktijd: 25 minuten
Porties: 4

Ingrediënten:
- 2 kilo bloemkoolroosjes
- ½ kopje kokosmelk
- Een snufje zwarte peper
- ½ kopje magere zure room
- 1 eetlepel koriander, gehakt
- 1 eetlepel knoflook, fijngehakt

Instructies:
1. Doe de bloemkool in een pan, voeg water toe zodat het onder water staat, breng op middelhoog vuur aan de kook, kook 25 minuten en laat uitlekken.
2. Pureer de bloemkool, voeg de melk, zwarte peper en room toe, klop goed, verdeel over de borden, bestrooi met de rest van de ingrediënten en serveer.

Voeding: Calorieën 188, Vet 13,4, Vezels 6,4, Koolhydraten 15, Eiwit 6,1

Avocadosalade

Bereidingstijd: 5 minuten
Bereidingstijd: 0 minuten
Porties: 4

Ingrediënten:
- 2 eetlepels olijfolie
- 2 avocado's, geschild, ontpit en in plakjes gesneden
- 1 kopje Kalamata-olijven, ontpit en gehalveerd
- 1 kop tomaten, in blokjes gesneden
- 1 eetlepel gember, geraspt
- Een snufje zwarte peper
- 2 kopjes kiprucola
- 1 eetlepel balsamicoazijn

Instructies:
1. Meng in een kom de avocado met de kalamata en de overige ingrediënten, meng en serveer als bijgerecht.

Voeding: Calorieën 320, Vet 30,4, Vezels 8,7, Koolhydraten 13,9, Eiwit 3

radijs salade

Bereidingstijd: 5 minuten
Bereidingstijd: 0 minuten
Porties: 4

Ingrediënten:
- 2 groene uien, gehakt
- 1 kg radijsjes, in blokjes gesneden
- 2 eetlepels balsamicoazijn
- 2 eetlepels olijfolie
- 1 theelepel chilipoeder
- 1 kopje ontpitte en gehalveerde zwarte olijven
- Een snufje zwarte peper

Instructies:
1. Breng de radijsjes in een grote slakom op smaak met de ui en de overige ingrediënten, meng en serveer als bijgerecht.

Voeding: Calorieën 123, Vet 10,8, Vezels 3,3, Koolhydraten 7, Eiwit 1,3

andijvie salade

Bereidingstijd: 5 minuten
Bereidingstijd: 0 minuten
Porties: 4

Ingrediënten:
- 2 andijvie grof gesneden
- 1 eetlepel dille, gehakt
- ¼ kopje citroensap
- ¼ kopje olijfolie
- 2 kopjes babyspinazie
- 2 tomaten, in blokjes gesneden
- 1 komkommer, in plakjes gesneden
- ½ kopje walnoten, gehakt

Instructies:
1. Breng de andijvie in een grote kom op smaak met de spinazie en de overige ingrediënten, meng en serveer als bijgerecht.

Voeding: Calorieën 238, Vet 22,3, Vezels 3,1, Koolhydraten 8,4, Eiwit 5,7

Een mengsel van olijven en maïs

Bereidingstijd: 5 minuten
Bereidingstijd: 0 minuten
Porties: 4

Ingrediënten:
- 2 eetlepels olijfolie
- 1 eetlepel balsamicoazijn
- Een snufje zwarte peper
- 4 kopjes maïs
- 2 kopjes zwarte olijven, ontpit en gehalveerd
- 1 rode ui, gehakt
- ½ kopje kerstomaatjes, gehalveerd
- 1 eetlepel basilicum, gehakt
- 1 eetlepel jalapeno, gehakt
- 2 kopjes Romeinse sla, gehakt

Instructies:
1. Meng de maïs in een grote kom met de olijven, salade en andere ingrediënten, meng goed, verdeel over borden en serveer als bijgerecht.

Voeding: Calorieën 290, Vet 16,1, Vezels 7,4, Koolhydraten 37,6, Eiwit 6,2

Salade van rucola en pijnboompitten

Bereidingstijd: 5 minuten
Bereidingstijd: 0 minuten
Porties: 4

Ingrediënten:
- ¼ kopje granaatappelpitjes
- 5 kopjes babyrucola
- 6 eetlepels gehakte groene ui
- 1 eetlepel balsamicoazijn
- 2 eetlepels olijfolie
- 3 eetlepels pijnboompitten
- ½ gehakte sjalot

Instructies:
1. Meng in een slakom de rucola met de granaatappel en de overige ingrediënten, meng en serveer.

Voeding: Calorieën 120, Vet 11,6, Vezels 0,9, Koolhydraten 4,2, Eiwit 1,8

amandelen en spinazie

Bereidingstijd: 10 minuten
Bereidingstijd: 0 minuten
Porties: 4

Ingrediënten:
- 2 eetlepels olijfolie
- 2 avocado's, geschild, ontpit en in plakjes gesneden
- 3 kopjes babyspinazie
- ¼ kopje amandelen, geroosterd en gehakt
- 1 eetlepel citroensap
- 1 eetlepel koriander, gehakt

Instructies:
1. Meng in een kom de avocado met de amandelen, spinazie en de overige ingrediënten, meng en serveer als bijgerecht.

Voeding: Calorieën 181, Vet 4, Vezels 4,8, Koolhydraten 11,4, Eiwit 6

Sperzieboontjes en veldsla

Bereidingstijd: 4 minuten
Bereidingstijd: 0 minuten
Porties: 4

Ingrediënten:
- Sap van 1 limoen
- 2 kopjes Romeinse sla, gehakt
- 1 kopje maïs
- ½ pond sperziebonen, geblancheerd en in tweeën gesneden
- 1 komkommer, gehakt
- 1/3 kopje knoflook, gehakt

Instructies:
1. Meng in een kom de sperziebonen met de maïs en de overige ingrediënten, meng en serveer.

Voeding: Calorieën 225, Vet 12, Vezels 2,4, Koolhydraten 11,2, Eiwit 3,5

Salade van andijvie en kool

Bereidingstijd: 4 minuten
Bereidingstijd: 0 minuten
Porties: 4

Ingrediënten:
- 3 eetlepels olijfolie
- 2 andijvie, geschild en gehakt
- 2 eetlepels citroensap
- 1 eetlepel citroenschil, geraspt
- 1 rode ui, in plakjes gesneden
- 1 eetlepel balsamicoazijn
- 1 pond boerenkool, gehakt
- Een snufje zwarte peper

Instructies:
1. Meng in een kom de andijvie met de boerenkool en de overige ingrediënten, meng goed en serveer koud als bijgerecht.

Voeding: Calorieën 270, Vet 11,4, Vezels 5, Koolhydraten 14,3, Eiwit 5,7

wij eten salade

Bereidingstijd: 5 minuten
Bereidingstijd: 6 minuten
Porties: 4

Ingrediënten:
- 2 eetlepels olijfolie
- 2 eetlepels balsamicoazijn
- 2 teentjes knoflook, fijngehakt
- 3 kopjes edamame, geschild
- 1 eetlepel knoflook, fijngehakt
- 2 sjalotten gehakt

Instructies:
1. Verhit een pan met olie op middelhoog vuur, voeg de edamame, knoflook en andere ingrediënten toe, meng, kook gedurende 6 minuten, verdeel over borden en serveer.

Voeding: Calorieën 270, Vet 8,4, Vezels 5,3, Koolhydraten 11,4, Eiwit 6

Druiven- en avocadosalade

Bereidingstijd: 5 minuten
Bereidingstijd: 0 minuten
Porties: 4

Ingrediënten:
- 2 kopjes babyspinazie
- 2 avocado's, geschild, ontpit en grof gesneden
- 1 komkommer, in plakjes gesneden
- 1 1/2 kopjes rauwe druiven, in tweeën gesneden
- 2 eetlepels avocado-olie
- 1 eetlepel ciderazijn
- 2 eetlepels peterselie, gehakt
- Een snufje zwarte peper

Instructies:
1. Meng de spinazie met de avocado en de andere ingrediënten in een slakom, meng en serveer.

Voeding: Calorieën 277, Vet 11,4, Vezels 5, Koolhydraten 14,6, Eiwit 4

Gemengde aubergines met oregano

Bereidingstijd: 10 minuten
Bereidingstijd: 20 minuten
Porties: 4

Ingrediënten:
- 2 grote aubergines, grof gesneden
- 1 eetlepel gehakte oregano
- ½ kopje magere Parmezaanse kaas, geraspt
- ¼ theelepel knoflookpoeder
- 2 eetlepels olijfolie
- Een snufje zwarte peper

Instructies:
1. Doe de aubergines met de oregano en de overige ingrediënten, behalve de kaas, in een ovenschaal en meng.
2. Strooi de Parmezaanse kaas erover, zet in de oven en bak op 180°C gedurende 20 minuten.
3. Verdeel over borden en serveer als bijgerecht.

Voeding: Calorieën 248, Vet 8,4, Vezels 4, Koolhydraten 14,3, Eiwit 5,4

geroosterd tomatenmengsel

Bereidingstijd: 10 minuten
Bereidingstijd: 20 minuten
Porties: 4

Ingrediënten:
- 2 kg tomaten, gehalveerd
- 1 eetlepel basilicum, gehakt
- 3 eetlepels olijfolie
- 1 citroenschil, geraspt
- 3 teentjes knoflook, fijngehakt
- ¼ kopje magere Parmezaanse kaas, geraspt
- Een snufje zwarte peper

Instructies:
1. Doe de tomaten met de basilicum en alle andere ingrediënten behalve de kaas in een ovenschaal en meng.
2. Strooi de Parmezaanse kaas, bak 20 minuten op 180°C, verdeel over borden en serveer als bijgerecht.

Voeding: Calorieën 224, Vet 12, Vezels 4,3, Koolhydraten 10,8, Eiwit 5,1

champignons met tijm

Bereidingstijd: 10 minuten
Bereidingstijd: 30 minuten
Porties: 4

Ingrediënten:
- 2 kilo eekhoorntjesbrood in tweeën gesneden
- 4 teentjes knoflook, fijngehakt
- 2 eetlepels olijfolie
- 1 eetlepel tijm, gehakt
- 2 eetlepels peterselie, gehakt
- zwarte peper naar smaak

Instructies:
1. Doe de champignons met de knoflook en de overige ingrediënten in een ovenschaal, meng, zet in de oven en bak op 200 graden gedurende 30 minuten.
2. Verdeel over borden en serveer als bijgerecht.

Voeding: Calorieën 251, Vet 9,3, Vezels 4, Koolhydraten 13,2, Eiwit 6

Spinazie en maïsstoofpot

Bereidingstijd: 10 minuten
Bereidingstijd: 15 minuten
Porties: 4

Ingrediënten:
- 1 kopje maïs
- 1 kilo spinazieblaadjes
- 1 theelepel zoete paprika
- 1 eetlepel olijfolie
- 1 gele ui, gehakt
- ½ kopje basilicum, gescheurd
- Een snufje zwarte peper
- ½ theelepel chilivlokken

Instructies:
1. Verhit een pan met olie op middelhoog vuur, voeg de ui toe, meng en bak 5 minuten.
2. Voeg de maïs, spinazie en andere ingrediënten toe, meng, kook nog eens 10 minuten op middelhoog vuur, verdeel over borden en serveer.

Voeding: calorieën 201, vet 13,1, vezels 2,5, koolhydraten 14,4, eiwit 3,7

Voeg de maïs en bieslook toe

Bereidingstijd: 10 minuten
Bereidingstijd: 15 minuten
Porties: 4

Ingrediënten:
- 4 kopjes maïs
- 1 eetlepel avocado-olie
- 2 sjalotten gehakt
- 1 theelepel chilipoeder
- 2 eetlepels tomatenpuree, ongezouten
- 3 gehakte bieslook
- Een snufje zwarte peper

Instructies:
1. Verhit een pan met olijfolie op middelhoog vuur, voeg de ui en chili toe, roer en bak 5 minuten.
2. Voeg de maïs en de overige ingrediënten toe, meng, kook nog eens 10 minuten, verdeel over borden en serveer als bijgerecht.

Voeding: Calorieën 259, Vet 11,1, Vezels 2,6, Koolhydraten 13,2, Eiwit 3,5

Spinazie-mangosalade

Bereidingstijd: 10 minuten
Bereidingstijd: 0 minuten
Porties: 4

Ingrediënten:
- 1 kopje mango, geschild en in blokjes gesneden
- 4 kopjes babyspinazie
- 1 eetlepel olijfolie
- 2 gehakte bieslook
- 1 eetlepel citroensap
- 1 eetlepel kappertjes, uitgelekt, zonder zout
- 1/3 kop amandelen, gehakt

Instructies:
1. Meng in een kom de spinazie met de mango en de overige ingrediënten, meng en serveer.

Voeding: Calorieën 200, Vet 7,4, Vezels 3, Koolhydraten 4,7, Eiwit 4,4

mosterd aardappelen

Bereidingstijd: 5 minuten
Kooktijd: 1 uur
Porties: 4

Ingrediënten:
- 1 kg gebruinde aardappelen, geschild en in blokjes gesneden
- 2 eetlepels olijfolie
- Een snufje zwarte peper
- 2 eetlepels rozemarijn, gehakt
- 1 eetlepel Dijon-mosterd
- 2 teentjes knoflook, fijngehakt

Instructies:
1. Gooi de aardappelen met de olie en de overige ingrediënten in een ovenschaal, meng, bak op 400 graden F en kook ongeveer 1 uur.
2. Verdeel over borden en serveer direct als bijgerecht.

Voeding: Calorieën 237, Vet 11,5, Vezels 6,4, Koolhydraten 14,2, Eiwit 9

Kokosspruitjes

Bereidingstijd: 5 minuten
Bereidingstijd: 30 minuten
Porties: 4

Ingrediënten:
- 1 pond spruitjes, bijgesneden en gehalveerd
- 1 kop kokosroom
- 1 eetlepel olijfolie
- 2 sjalotten gehakt
- Een snufje zwarte peper
- ½ kopje gehakte cashewnoten

Instructies:
1. Meng de kool in een pan met de room en de overige ingrediënten, meng en bak gedurende 30 minuten op 180 graden.
2. Verdeel over borden en serveer als bijgerecht.

Voeding: Calorieën 270, Vet 6,5, Vezels 5,3, Koolhydraten 15,9, Eiwit 3,4

wortel salie

Bereidingstijd: 10 minuten
Bereidingstijd: 30 minuten
Porties: 4

Ingrediënten:
- 2 eetlepels olijfolie
- 2 theelepels paprikapoeder
- 1 kg wortelen, geschild en grof gesneden
- 1 rode ui, gehakt
- 1 eetlepel salie, gehakt
- Een snufje zwarte peper

Instructies:
1. Gooi de wortels met de olie en de overige ingrediënten in een ovenschaal, meng en bak gedurende 30 minuten op 350 graden F.
2. Verdeel over borden en serveer.

Voeding: Calorieën 200, Vet 8,7, Vezels 2,5, Koolhydraten 7,9, Eiwit 4

Knoflookchampignons en maïs

Bereidingstijd: 10 minuten
Bereidingstijd: 20 minuten
Porties: 4

Ingrediënten:
- 1 kg eekhoorntjesbrood, gehalveerd
- 2 kopjes maïs
- 2 eetlepels olijfolie
- 4 teentjes knoflook, fijngehakt
- 1 kopje ongezouten tomaten uit blik, gehakt
- Een snufje zwarte peper
- ½ theelepel chilipoeder

Instructies:
1. Verhit een pan met olijfolie op middelhoog vuur, voeg de champignons, knoflook en maïs toe, roer en bak gedurende 10 minuten.
2. Voeg de rest van de ingrediënten toe, meng, kook nog eens 10 minuten op middelhoog vuur, verdeel over borden en serveer.

Voeding: Calorieën 285, vet 13, vezels 2,2, koolhydraten 14,6, eiwit 6,7.

groene bonenpesto

Bereidingstijd: 10 minuten
Bereidingstijd: 15 minuten
Porties: 4

Ingrediënten:
- 2 eetlepels basilicumpesto
- 2 theelepels paprikapoeder
- 1 pond sperziebonen, bijgesneden en gehalveerd
- 1 citroensap
- 2 eetlepels olijfolie
- 1 rode ui, in plakjes gesneden
- Een snufje zwarte peper

Instructies:
1. Verhit een pan met olie op middelhoog vuur, voeg de ui toe, meng en bak 5 minuten.
2. Voeg de bonen en andere ingrediënten toe, meng, kook op middelhoog vuur gedurende 10 minuten, verdeel over borden en serveer.

Voeding: Calorieën 280, Vet 10, Vezels 7,6, Koolhydraten 13,9, Eiwit 4,7

tomaat met dragon

Bereidingstijd: 5 minuten
Bereidingstijd: 0 minuten
Porties: 4

Ingrediënten:
- 1 1/2 theelepel olijfolie
- 1 kilo tomaten, in plakjes gesneden
- 1 eetlepel citroensap
- 1 eetlepel citroenschil, geraspt
- 2 eetlepels dragon, gehakt
- Een snufje zwarte peper

Instructies:
1. Meng de tomaten in een kom met de overige ingrediënten, meng en serveer als salade.

Voeding: Calorieën 170, Vet 4, Vezels 2,1, Koolhydraten 11,8, Eiwit 6

Rode biet-amandelen

Bereidingstijd: 10 minuten
Bereidingstijd: 30 minuten
Porties: 4

Ingrediënten:
- 4 bieten, geschild en in plakjes gesneden
- 3 eetlepels olijfolie
- 2 eetlepels amandelen, gehakt
- 2 eetlepels balsamicoazijn
- Een snufje zwarte peper
- 2 eetlepels peterselie, gehakt

Instructies:
1. Meng de bieten met de olie en de overige ingrediënten in een pan, meng, zet in de oven en kook op 200 graden gedurende 30 minuten.
2. Verdeel het mengsel over borden en serveer.

Voeding: Calorieën 230, Vet 11, Vezels 4,2, Koolhydraten 7,3, Eiwit 3,6

Pepermunttomaten en maïs

Bereidingstijd: 5 minuten
Bereidingstijd: 0 minuten
Porties: 4

Ingrediënten:
- 2 eetlepels gehakte munt
- 1 kilo tomaten, in plakjes gesneden
- 2 kopjes maïs
- 2 eetlepels olijfolie
- 1 eetlepel rozemarijnazijn
- Een snufje zwarte peper

Instructies:
1. Meng de tomaat in een slakom met de maïs en de andere ingrediënten, meng en serveer.

Genieten!

Voeding: Calorieën 230, Vet 7,2, Vezels 2, Koolhydraten 11,6, Eiwit 4

Courgette- en avocadosaus

Bereidingstijd: 5 minuten
Bereidingstijd: 10 minuten
Porties: 4

Ingrediënten:
- 2 eetlepels olijfolie
- 2 courgettes, in blokjes gesneden
- 1 avocado, geschild, ontpit en in stukjes gesneden
- 2 tomaten, in blokjes gesneden
- 1 komkommer, in blokjes gesneden
- 1 gele ui, gehakt
- 2 eetlepels vers citroensap
- 2 eetlepels koriander, gehakt

Instructies:
1. Verhit een pan met olie op middelhoog vuur, voeg de ui en courgettes toe, meng en kook gedurende 5 minuten.
2. Voeg de rest van de ingrediënten toe, meng, kook nog eens 5 minuten, verdeel over borden en serveer.

Voeding: calorieën 290, vet 11,2, vezels 6,1, koolhydraten 14,7, eiwit 5,6

Het mengsel van appels en kool

Bereidingstijd: 5 minuten
Bereidingstijd: 0 minuten
Porties: 4

Ingrediënten:
- 2 groene appels, zonder klokhuis en in blokjes gesneden
- 1 krop rode kool, gehakt
- 2 eetlepels balsamicoazijn
- ½ theelepel komijn
- 2 eetlepels olijfolie
- zwarte peper naar smaak

Instructies:
1. Meng de kool in een kom met de appels en andere ingrediënten, meng en serveer als salade.

Voeding: Calorieën 165, Vet 7,4, Vezels 7,3, Koolhydraten 26, Eiwit 2,6

geroosterde rode biet

Bereidingstijd: 10 minuten
Bereidingstijd: 30 minuten
Porties: 4

Ingrediënten:
- 4 bieten, geschild en in plakjes gesneden
- 2 eetlepels olijfolie
- 2 teentjes knoflook, fijngehakt
- Een snufje zwarte peper
- ¼ kopje peterselie, gehakt
- ¼ kopje walnoten, gehakt

Instructies:
1. Doe de bieten met de olie en de overige ingrediënten in een ovenschaal, meng goed, bak op 200 graden Celsius, kook gedurende 30 minuten, verdeel over borden en serveer als bijgerecht.

Voeding: Calorieën 156, Vet 11,8, Vezels 2,7, Koolhydraten 11,5, Eiwit 3,8

dille kool

Bereidingstijd: 10 minuten
Bereidingstijd: 15 minuten
Porties: 4

Ingrediënten:
- 1 kg groene kool, gehakt
- 1 gele ui, gehakt
- 1 tomaat, in blokjes gesneden
- 1 eetlepel dille, gehakt
- Een snufje zwarte peper
- 1 eetlepel olijfolie

Instructies:
1. Verhit een pan met olie op middelhoog vuur, voeg de ui toe en bak 5 minuten.
2. Voeg de kool en de andere ingrediënten toe, meng, kook op middelhoog vuur gedurende 10 minuten, verdeel over borden en serveer.

Voeding: Calorieën 74, Vet 3,7, Vezels 3,7, Koolhydraten 10,2, Eiwit 2,1

Kool-wortelsalade

Bereidingstijd: 5 minuten
Bereidingstijd: 0 minuten
Porties: 4

Ingrediënten:
- 2 sjalotten gehakt
- 2 wortels, geraspt
- 1 grote krop rode kool, fijngehakt
- 1 eetlepel olijfolie
- 1 eetlepel rode azijn
- Een snufje zwarte peper
- 1 eetlepel citroensap

Instructies:
1. Meng de kool met de sjalotjes en de overige ingrediënten in een kom, meng en serveer als salade.

Voeding: Calorieën 106, Vet 3,8, Vezels 6,5, Koolhydraten 18, Eiwit 3,3

Tomaten- en olijvensaus

Bereidingstijd: 10 minuten
Bereidingstijd: 0 minuten
Porties: 6

Ingrediënten:
- 1 kilo kerstomaatjes, gehalveerd
- 2 eetlepels olijfolie
- 1 kopje Kalamata-olijven, ontpit en gehalveerd
- Een snufje zwarte peper
- 1 rode ui, gehakt
- 1 eetlepel balsamicoazijn
- ¼ kopje koriander, gehakt

Instructies:
1. Meng de tomaten met de olijven en andere ingrediënten in een kom, meng en serveer als salade.

Voeding: Calorieën 131, Vet 10,9, Vezels 3,1, Koolhydraten 9,2, Eiwit 1,6

Courgettesalade

Bereidingstijd: 4 minuten
Bereidingstijd: 0 minuten
Porties: 4

Ingrediënten:
- 2 courgettes, in plakjes gesneden met een spiralisator
- 1 rode ui, in plakjes gesneden
- 1 eetlepel basilicumpesto
- 1 eetlepel citroensap
- 1 eetlepel olijfolie
- ½ kopje koriander, gehakt
- zwarte peper naar smaak

Instructies:
1. Meng de courgettes met de ui en de overige ingrediënten in een slakom, meng en serveer.

Voeding: Calorieën 58, Vet 3,8, Vezels 1,8, Koolhydraten 6, Eiwit 1,6

Wortelsalade met curry

Bereidingstijd: 4 minuten
Bereidingstijd: 0 minuten
Porties: 4

Ingrediënten:
- 1 kg wortelen, geschild en grof geraspt
- 2 eetlepels avocado-olie
- 2 eetlepels citroensap
- 3 eetlepels sesamzaadjes
- ½ theelepel kerriepoeder
- 1 theelepel gedroogde rozemarijn
- ½ theelepel komijn, gemalen

Instructies:
1. Meng de wortels met de olie, het citroensap en de overige ingrediënten in een kom, meng en serveer koud als bijgerecht.

Voeding: Calorieën 99, Vet 4,4, Vezels 4,2, Koolhydraten 13,7, Eiwit 2,4

Sla en bieten

Bereidingstijd: 5 minuten
Bereidingstijd: 0 minuten
Porties: 4

Ingrediënten:
- 1 eetlepel gember, geraspt
- 2 teentjes knoflook, fijngehakt
- 4 kopjes Romeinse sla, gescheurd
- 1 rode biet, geschild en geraspt
- 2 groene uien, gehakt
- 1 eetlepel balsamicoazijn
- 1 eetlepel sesamzaadjes

Instructies:
1. Meng de salade met de gember, knoflook en andere ingrediënten in een kom, meng en serveer als bijgerecht.

Voeding: Calorieën 42, Vet 1,4, Vezels 1,5, Koolhydraten 6,7, Eiwit 1,4

plantaardige radijsjes

Bereidingstijd: 5 minuten
Bereidingstijd: 0 minuten
Porties: 4

Ingrediënten:
- 1 kg rode radijzen, grof gesneden
- 1 eetlepel knoflook, fijngehakt
- 1 eetlepel peterselie, gehakt
- 1 eetlepel gehakte oregano
- 2 eetlepels olijfolie
- 1 eetlepel citroensap
- zwarte peper naar smaak

Instructies:
1. Meng de radijsjes met de bieslook en de overige ingrediënten in een slakom, meng en serveer.

Voeding: Calorieën 85, Vet 7,3, Vezels 2,4, Koolhydraten 5,6, Eiwit 1

Geroosterde venkelmix

Bereidingstijd: 5 minuten
Bereidingstijd: 20 minuten
Porties: 4

Ingrediënten:
- 2 venkelknollen fijngesneden
- 1 theelepel zoete paprika
- 1 kleine rode ui, gehakt
- 2 eetlepels olijfolie
- 2 eetlepels citroensap
- 2 eetlepels dille, gehakt
- zwarte peper naar smaak

Instructies:
1. Meng de venkel met de paprika en de overige ingrediënten in een pan, meng en bak 20 minuten op 180 graden.
2. Verdeel het mengsel over borden en serveer.

Voeding: Calorieën 114, Vet 7,4, Vezels 4,5, Koolhydraten 13,2, Eiwit 2,1

Gebakken paprika's

Bereidingstijd: 10 minuten
Bereidingstijd: 30 minuten
Porties: 4

Ingrediënten:
- 1 kilo gemengde paprika, in plakjes gesneden
- 1 rode ui, in dunne plakjes gesneden
- 2 eetlepels olijfolie
- zwarte peper naar smaak
- 1 eetlepel gehakte oregano
- 2 eetlepels muntblaadjes, gehakt

Instructies:
1. Doe de paprika met de ui en de overige ingrediënten in een pan, meng en bak 30 minuten op 180 graden.
2. Verdeel het mengsel over borden en serveer.

Voeding: Calorieën 240, Vet 8,2, Vezels 4,2, Koolhydraten 11,3, Eiwit 5,6

Dadel- en koolstoofpot

Bereidingstijd: 5 minuten
Bereidingstijd: 15 minuten
Porties: 4

Ingrediënten:
- 1 kg rode kool, gehakt
- 8 ontpitte en gesneden dadels
- 2 eetlepels olijfolie
- ¼ kopje natriumarme groentebouillon
- 2 eetlepels knoflook, fijngehakt
- 2 eetlepels citroensap
- zwarte peper naar smaak

Instructies:
1. Verhit een pan met olie op middelhoog vuur, voeg de kool en dadels toe, meng en kook gedurende 4 minuten.
2. Giet de bouillon en de andere ingrediënten erbij, meng, kook nog eens 11 minuten op middelhoog vuur, verdeel over de borden en serveer.

Voeding: Calorieën 280, Vet 8,1, Vezels 4,1, Koolhydraten 8,7, Eiwit 6,3

mengsel van zwarte bonen

Bereidingstijd: 4 minuten
Bereidingstijd: 0 minuten
Porties: 4

Ingrediënten:
- 3 kopjes ingeblikte zwarte bonen, ongezouten, uitgelekt en gespoeld
- 1 kop kerstomaatjes, gehalveerd
- 2 sjalotten gehakt
- 3 eetlepels olijfolie
- 1 eetlepel balsamicoazijn
- zwarte peper naar smaak
- 1 eetlepel knoflook, fijngehakt

Instructies:
1. Meng de bonen met de tomaat en de overige ingrediënten in een kom, meng en serveer koud als bijgerecht.

Voeding: Calorieën 310, Vet 11,0, Vezels 5,3, Koolhydraten 19,6, Eiwit 6,8

Mengsel van olijven en andijvie

Bereidingstijd: 4 minuten
Bereidingstijd: 0 minuten
Porties: 4

Ingrediënten:
- 2 gehakte bieslook
- 2 andijvie fijngesneden
- 1 kopje ontpitte zwarte olijven, in plakjes gesneden
- ½ kopje Kalamata-olijven, ontpit en in plakjes gesneden
- ¼ kopje appelazijn
- 2 eetlepels olijfolie
- 1 eetlepel koriander, gehakt

Instructies:
1. Meng de andijvie met de olijven en de overige ingrediënten in een kom, meng en serveer.

Voeding: calorieën 230, vet 9,1, vezels 6,3, koolhydraten 14,6, eiwit 7,2

Tomaat-komkommersalade

Bereidingstijd: 5 minuten
Bereidingstijd: 0 minuten
Porties: 4

Ingrediënten:
- ½ kg tomaten, in blokjes gesneden
- 2 komkommers, in plakjes gesneden
- 1 eetlepel olijfolie
- 2 gehakte bieslook
- zwarte peper naar smaak
- Sap van 1 limoen
- ½ kopje basilicum, gehakt

Instructies:
1. Meng de tomaten met de komkommers en de andere ingrediënten in een slakom, meng en serveer koud.

Voeding: Calorieën 224, Vet 11,2, Vezels 5,1, Koolhydraten 8,9, Eiwit 6,2

Paprika-wortelsalade

Bereidingstijd: 5 minuten
Bereidingstijd: 0 minuten
Porties: 4

Ingrediënten:
- 1 kop kerstomaatjes, gehalveerd
- 1 gele paprika, gehakt
- 1 rode paprika, gehakt
- 1 groene paprika, gehakt
- ½ kg wortelen, geraspt
- 3 eetlepels rode wijnazijn
- 2 eetlepels olijfolie
- 1 eetlepel koriander, gehakt
- zwarte peper naar smaak

Instructies:
1. Meng de tomaten in een slakom met paprika, wortels en andere ingrediënten, meng en serveer als salade.

Voeding: Calorieën 123, Vet 4, Vezels 8,4, Koolhydraten 14,4, Eiwit 1,1

Een mengsel van zwarte bonen en rijst

Bereidingstijd: 10 minuten
Bereidingstijd: 30 minuten
Porties: 4

Ingrediënten:
- 2 eetlepels olijfolie
- 1 gele ui, gehakt
- 1 kopje ongezouten zwarte bonen uit blik, uitgelekt en gespoeld
- 2 kopjes zwarte rijst
- 4 kopjes natriumarme kippenbouillon
- 2 eetlepels tijm, gehakt
- Schil van ½ citroen, geraspt
- Een snufje zwarte peper

Instructies:
1. Verhit een pan met olijfolie op middelhoog vuur, voeg de ui toe, roer en bak 4 minuten.
2. Voeg de bonen, rijst en andere ingrediënten toe, meng, breng aan de kook en kook op middelhoog vuur gedurende 25 minuten.
3. Meng het mengsel, verdeel het over borden en serveer.

Voeding: Calorieën 290, Vet 15,3, Vezels 6,2, Koolhydraten 14,6, Eiwit 8

Een mengsel van rijst en bloemkool

Bereidingstijd: 10 minuten
Kooktijd: 25 minuten
Porties: 4

Ingrediënten:
- 1 kopje bloemkoolroosjes
- 1 kopje witte rijst
- 2 kopjes natriumarme kippenbouillon
- 1 eetlepel avocado-olie
- 2 sjalotten gehakt
- ¼ kopje bosbessen
- ½ kopje amandelen, in plakjes gesneden

Instructies:
1. Verhit een pan met olijfolie op middelhoog vuur, voeg de sjalot toe, roer en bak 5 minuten.
2. Voeg de bloemkool, rijst en andere ingrediënten toe, meng, breng aan de kook en kook op middelhoog vuur gedurende 20 minuten.
3. Verdeel het mengsel over borden en serveer.

Voeding: Calorieën 290, Vet 15,1, Vezels 5,6, Koolhydraten 7, Eiwit 4,5

balsamicobonenmengsel

Bereidingstijd: 10 minuten
Bereidingstijd: 0 minuten
Porties: 4

Ingrediënten:
- 2 kopjes zwarte bonen uit blik, ongezouten, uitgelekt en gespoeld
- 2 kopjes witte bonen uit blik, ongezouten, uitgelekt en gespoeld
- 2 eetlepels balsamicoazijn
- 2 eetlepels olijfolie
- 1 theelepel gedroogde oregano
- 1 theelepel gedroogde basilicum
- 1 eetlepel knoflook, fijngehakt

Instructies:
1. Maak de bonen in een slakom nat met de azijn en de overige ingrediënten, meng en serveer als salade.

Voeding: Calorieën 322, Vet 15,1, Vezels 10, Koolhydraten 22,0, Eiwit 7

romige rode biet

Bereidingstijd: 5 minuten
Bereidingstijd: 20 minuten
Porties: 4

Ingrediënten:
- 1 kg rode biet, geschild en in blokjes gesneden
- 1 rode ui, gehakt
- 1 eetlepel olijfolie
- ½ kopje kokosroom
- 4 eetlepels magere yoghurt
- 1 eetlepel knoflook, fijngehakt

Instructies:
1. Verhit een pan met olijfolie op middelhoog vuur, voeg de ui toe, roer en bak 4 minuten.
2. Voeg de rode biet, de room en andere ingrediënten toe, meng, kook nog eens 15 minuten op middelhoog vuur, verdeel over de borden en serveer.

Voeding: Calorieën 250, Vet 13,4, Vezels 3, Koolhydraten 13,3, Eiwit 6,4

Mengsel van avocado en peper

Bereidingstijd: 10 minuten
Bereidingstijd: 14 minuten
Porties: 4

Ingrediënten:
- 1 eetlepel avocado-olie
- 1 theelepel zoete paprika
- 1 kilo gemengde paprika's, in reepjes gesneden
- 1 avocado, geschild, ontpit en in tweeën gesneden
- 1 theelepel knoflookpoeder
- 1 theelepel gedroogde rozemarijn
- ½ kopje natriumarme groentebouillon
- zwarte peper naar smaak

Instructies:
1. Verhit een pan met olijfolie op middelhoog vuur, voeg alle paprika's toe, roer en bak 5 minuten.
2. Voeg de rest van de ingrediënten toe, meng, kook nog eens 9 minuten op middelhoog vuur, verdeel over borden en serveer.

Voeding: Calorieën 245, Vet 13,8, Vezels 5, Koolhydraten 22,5, Eiwit 5,4

Geroosterde zoete aardappelen en rode biet

Bereidingstijd: 10 minuten
Kooktijd: 1 uur
Porties: 4

Ingrediënten:
- 3 eetlepels olijfolie
- 2 zoete aardappelen, geschild en in plakjes gesneden
- 2 bieten, geschild en in plakjes gesneden
- 1 eetlepel gehakte oregano
- 1 eetlepel citroensap
- zwarte peper naar smaak

Instructies:
1. Leg de zoete aardappelen en de rode biet op een bakplaat met bakpapier, voeg de overige ingrediënten toe, meng, plaats in de oven en laat 1 uur koken op 180°C.
2. Verdeel over borden en serveer als bijgerecht.

Voeding: Calorieën 240, Vet 11,2, Vezels 4, Koolhydraten 8,6, Eiwit 12,1

gekookte kool

Bereidingstijd: 10 minuten
Bereidingstijd: 15 minuten
Porties: 4

Ingrediënten:
- 2 eetlepels olijfolie
- 3 eetlepels kokosaminozuren
- 1 pond boerenkool, gehakt
- 1 rode ui, gehakt
- 2 teentjes knoflook, fijngehakt
- 1 eetlepel citroensap
- 1 eetlepel koriander, gehakt

Instructies:
1. Verhit een pan met olijfolie op middelhoog vuur, voeg de ui en knoflook toe en bak 5 minuten.
2. Voeg de kool en de andere ingrediënten toe, meng, kook op middelhoog vuur gedurende 10 minuten, verdeel over borden en serveer.

Voeding: Calorieën 200, vet 7,1, vezels 2, koolhydraten 6,4, eiwit 6

gekruide wortels

Bereidingstijd: 10 minuten
Bereidingstijd: 20 minuten
Porties: 4

Ingrediënten:
- 1 eetlepel citroensap
- 1 eetlepel olijfolie
- ½ theelepel gemalen piment
- ½ theelepel komijn, gemalen
- ½ theelepel gemalen nootmuskaat
- 1 kilo babywortelen, gehakt
- 1 eetlepel rozemarijn, gehakt
- zwarte peper naar smaak

Instructies:
1. Meng de wortels met het citroensap, de olie en andere ingrediënten in een pan, mix, bak en kook op 200 graden gedurende 20 minuten.
2. Verdeel over borden en serveer.

Voeding: Calorieën 260, Vet 11,2, Vezels 4,5, Koolhydraten 8,3, Eiwit 4,3

artisjokken met citroen

Bereidingstijd: 10 minuten
Bereidingstijd: 20 minuten
Porties: 4

Ingrediënten:

- 2 eetlepels citroensap
- 4 artisjokken geschild en gehalveerd
- 1 eetlepel dille, gehakt
- 2 eetlepels olijfolie
- Een snufje zwarte peper

Instructies:

1. Gooi de artisjokken met het citroensap en andere ingrediënten in een koekenpan, roer voorzichtig en bak gedurende 20 minuten op 400 graden F. Verdeel over borden en serveer.

Voeding: Calorieën 140, Vet 7,3, Vezels 8,9, Koolhydraten 17,7, Eiwit 5,5

Broccoli, bonen en rijst

Bereidingstijd: 10 minuten
Bereidingstijd: 30 minuten
Porties: 4

Ingrediënten:
- 1 kop gehakte broccoliroosjes
- 1 kopje zwarte bonen uit blik, ongezouten, uitgelekt
- 1 kopje witte rijst
- 2 kopjes natriumarme kippenbouillon
- 2 theelepels paprikapoeder
- zwarte peper naar smaak

Instructies:
1. Giet de bouillon in een pan, zet op middelhoog vuur, voeg de rijst en andere ingrediënten toe, meng, breng aan de kook en kook gedurende 30 minuten, af en toe roerend.
2. Verdeel het mengsel over borden en serveer als bijgerecht.

Voeding: Calorieën 347, Vet 1,2, Vezels 9, Koolhydraten 69,3, Eiwit 15,1

Geroosterde Pompoenmix

Bereidingstijd: 10 minuten
Kooktijd: 45 minuten
Porties: 4

Ingrediënten:
- 2 eetlepels olijfolie
- 2 kilo pompoen, geschild en in plakjes gesneden
- 1 eetlepel citroensap
- 1 theelepel chilipoeder
- 1 theelepel knoflookpoeder
- 2 theelepels koriander, gehakt
- Een snufje zwarte peper

Instructies
1. Bak de courgettes met de olie en de overige ingrediënten in een pan, bak ze zachtjes, bak ze in de oven op 200 graden gedurende 45 minuten, verdeel ze over de borden en serveer ze als bijgerecht.

Voeding: Calorieën 167, Vet 7,4, Vezels 4,9, Koolhydraten 27,5, Eiwit 2,5

romige asperges

Bereidingstijd: 5 minuten
Bereidingstijd: 20 minuten
Porties: 4

Ingrediënten:
- ½ theelepel gemalen nootmuskaat
- 1 pond asperges, bijgesneden en gehalveerd
- 1 kop kokosroom
- 1 gele ui, gehakt
- 2 eetlepels olijfolie
- 1 eetlepel citroensap
- 1 eetlepel koriander, gehakt

Instructies:
1. Verhit een pan met olijfolie op middelhoog vuur, voeg de ui en nootmuskaat toe, meng en bak 5 minuten.
2. Voeg de asperges en andere ingrediënten toe, meng, breng aan de kook en kook op middelhoog vuur gedurende 15 minuten.
3. Verdeel over borden en serveer.

Voeding: Calorieën 236, Vet 21,6, Vezels 4,4, Koolhydraten 11,4, Eiwit 4,2

Mix van raapbasilicum

Bereidingstijd: 10 minuten
Bereidingstijd: 15 minuten
Porties: 4

Ingrediënten:
- 1 eetlepel avocado-olie
- 4 rapen, in plakjes gesneden
- ¼ kopje basilicum, gehakt
- zwarte peper naar smaak
- ¼ kopje natriumarme groentebouillon
- ½ kopje walnoten, gehakt
- 2 teentjes knoflook, fijngehakt

Instructies:
1. Verhit een pan met olijfolie op middelhoog vuur, voeg de knoflook en rapen toe en bak 5 minuten.
2. Voeg de rest van de ingrediënten toe, meng, kook nog eens 10 minuten, verdeel over borden en serveer.

Voeding: Calorieën 140, Vet 9,7, Vezels 3,3, Koolhydraten 10,5, Eiwit 5

Een mengsel van rijst en kappertjes

Bereidingstijd: 10 minuten
Bereidingstijd: 20 minuten
Porties: 4

Ingrediënten:
- 1 kopje witte rijst
- 1 eetlepel kappertjes, gehakt
- 2 kopjes natriumarme kippenbouillon
- 1 rode ui, gehakt
- 1 eetlepel avocado-olie
- 1 eetlepel koriander, gehakt
- 1 theelepel zoete paprika

Instructies:
1. Verhit een pan met olie op middelhoog vuur, voeg de ui toe, meng en bak 5 minuten.
2. Voeg de rijst, kappertjes en andere ingrediënten toe, meng, breng aan de kook en kook gedurende 15 minuten.
3. Verdeel het mengsel over borden en serveer als bijgerecht.

Voeding: Calorieën 189, Vet 0,9, Vezels 1,6, Koolhydraten 40,2, Eiwit 4,3

Een mix van spinazie en boerenkool

Bereidingstijd: 5 minuten
Bereidingstijd: 15 minuten
Porties: 4

Ingrediënten:
- 2 kopjes babyspinazie
- 5 kopjes boerenkool, gehakt
- 2 sjalotten gehakt
- 2 teentjes knoflook, fijngehakt
- 1 kopje ongezouten tomaten uit blik, gehakt
- 1 eetlepel olijfolie

Instructies:
1. Verhit een pan met olijfolie op middelhoog vuur, voeg de sjalot toe, roer en bak 5 minuten.
2. Voeg de spinazie, boerenkool en andere ingrediënten toe, meng, kook nog eens 10 minuten, verdeel over borden en serveer als bijgerecht.

Voeding: Calorieën 89, Vet 3,7, Vezels 2,2, Koolhydraten 12,4, Eiwit 3,6

Mix van garnalen en ananas

Bereidingstijd: 10 minuten
Bereidingstijd: 10 minuten
Porties: 4

Ingrediënten:
- 1 eetlepel olijfolie
- 1 kg schoongemaakte en gestripte garnalen
- 1 kopje geschilde en gehakte ananas
- 1 citroensap
- Een takje peterselie, gehakt

Instructies:
1. Verhit een pan met olie op middelhoog vuur, voeg de garnalen toe en bak ze 3 minuten aan elke kant.
2. Voeg de rest van de ingrediënten toe, kook nog eens 4 minuten, verdeel over de kommen en serveer.

Voeding: Calorieën 254, Vet 13,3, Vezels 6, Koolhydraten 14,9, Eiwit 11

Zalm en groene olijven

Bereidingstijd: 10 minuten
Bereidingstijd: 20 minuten
Porties: 4

Ingrediënten:
- 1 gele ui, gehakt
- 1 kop groene olijven, ontpit en gehalveerd
- 1 theelepel chilipoeder
- zwarte peper naar smaak
- 2 eetlepels olijfolie
- ¼ kopje natriumarme groentebouillon
- 4 zalmfilets zonder vel en bot
- 2 eetlepels knoflook, fijngehakt

Instructies:
1. Verhit een pan met olie op middelhoog vuur, voeg de ui toe en bak 3 minuten.
2. Voeg de zalm toe en bak 5 minuten aan elke kant. Voeg de rest van de ingrediënten toe, kook nog eens 5 minuten, verdeel over de borden en serveer.

Voeding: Calorieën 221, Vet 12,1, Vezels 5,4, Koolhydraten 8,5, Eiwit 11,2

zalm en venkel

Bereidingstijd: 5 minuten
Bereidingstijd: 15 minuten
Porties: 4

Ingrediënten:
- 4 middelgrote zalmfilets, zonder vel en zonder bot
- 1 venkelknol, gehakt
- ½ kopje natriumarme groentebouillon
- 2 eetlepels olijfolie
- zwarte peper naar smaak
- ¼ kopje natriumarme groentebouillon
- 1 eetlepel citroensap
- 1 eetlepel koriander, gehakt

Instructies:
1. Verhit een pan met olijfolie op middelhoog vuur, voeg de venkel toe en bak 3 minuten bruin.
2. Voeg de vis toe en bak 4 minuten per kant.
3. Voeg de rest van de ingrediënten toe, kook alles nog 4 minuten, verdeel over borden en serveer.

Voeding: Calorieën 252, Vet 9,3, Vezels 4,2, Koolhydraten 12,3, Eiwit 9

kabeljauw en asperges

Bereidingstijd: 10 minuten
Bereidingstijd: 14 minuten
Porties: 4

Ingrediënten:
- 1 eetlepel olijfolie
- 1 rode ui, gehakt
- 1 kg kabeljauwfilets, zonder been
- 1 bos asperges, geschild
- zwarte peper naar smaak
- 1 kop kokosroom
- 1 eetlepel knoflook, fijngehakt

Instructies:
1. Verhit een pan met olijfolie op middelhoog vuur, voeg de ui en de kabeljauw toe en bak ze 3 minuten aan elke kant.
2. Voeg de rest van de ingrediënten toe, kook alles nog 8 minuten, verdeel over borden en serveer.

Voeding: Calorieën 254, Vet 12,1, Vezels 5,4, Koolhydraten 4,2, Eiwit 13,5

gekruide garnalen

Bereidingstijd: 5 minuten
Bereidingstijd: 8 minuten
Porties: 4

Ingrediënten:
- 1 theelepel knoflookpoeder
- 1 theelepel gerookte paprikapoeder
- 1 theelepel komijn, gemalen
- 1 theelepel gemalen piment
- 2 eetlepels olijfolie
- 2 kg schoongemaakte en gestripte garnalen
- 1 eetlepel knoflook, fijngehakt

Instructies:
1. Verhit een pan met olijfolie op middelhoog vuur, voeg de garnalen, prei en andere ingrediënten toe, bak 4 minuten per kant, verdeel over kommen en serveer.

Voeding: Calorieën 212, Vet 9,6, Vezels 5,3, Koolhydraten 12,7, Eiwit 15,4

zeebaars en kerstomaatjes

Bereidingstijd: 10 minuten
Bereidingstijd: 30 minuten
Porties: 4

Ingrediënten:
- 2 eetlepels olijfolie
- 2 kg zeebaarsfilets zonder vel en zonder been
- zwarte peper naar smaak
- 2 kopjes kerstomaatjes, gehalveerd
- 1 eetlepel knoflook, fijngehakt
- 1 eetlepel citroenschil, geraspt
- ¼ kopje citroensap

Instructies:
1. Vet een bakplaat in met olie en leg de vis erop.
2. Voeg de tomaten en andere ingrediënten toe, plaats de pan in de oven en kook op 180°C gedurende 30 minuten.
3. Verdeel alles over borden en serveer.

Voeding: Calorieën 272, Vet 6,9, Vezels 6,2, Koolhydraten 18,4, Eiwit 9

garnalen en bonen

Bereidingstijd: 10 minuten
Kooktijd: 12 minuten
Porties: 4

Ingrediënten:
- 1 kg schoongemaakte en gestripte garnalen
- 1 eetlepel olijfolie
- Sap van 1 limoen
- 1 kopje zwarte bonen uit blik, ongezouten, uitgelekt
- 1 sjalot gehakt
- 1 eetlepel gehakte oregano
- 2 teentjes knoflook, fijngehakt
- zwarte peper naar smaak

Instructies:
1. Verhit een pan met olijfolie op middelhoog vuur, voeg de sjalotten en knoflook toe, roer en bak 3 minuten.
2. Voeg de garnalen toe en bak ze 2 minuten per kant.
3. Voeg de bonen en de overige ingrediënten toe, kook alles nog 5 minuten op middelhoog vuur, verdeel over de kommen en serveer.

Voeding: calorieën 253, vet 11,6, vezels 6, koolhydraten 14,5, eiwit 13,5

Het mengsel van garnalen en mierikswortel

Bereidingstijd: 5 minuten
Bereidingstijd: 8 minuten
Porties: 4

Ingrediënten:
- 1 kg schoongemaakte en gestripte garnalen
- 2 sjalotten gehakt
- 1 eetlepel olijfolie
- 1 eetlepel knoflook, fijngehakt
- 2 theelepels bereide mierikswortel
- ¼ kopje kokosroom
- zwarte peper naar smaak

Instructies:
4 Verhit een pan met olijfolie op middelhoog vuur, voeg de sjalotten en mierikswortel toe, roer en bak 2 minuten.
5 Voeg de garnalen en de overige ingrediënten toe, meng, kook nog eens 6 minuten, verdeel over de borden en serveer.

Voeding: Calorieën 233, Vet 6, Vezels 5, Koolhydraten 11,9, Eiwit 5,4

Salade van garnalen en dragon

Bereidingstijd: 4 minuten
Bereidingstijd: 0 minuten
Porties: 4

Ingrediënten:
- 1 kilo garnalen, gekookt, schoongemaakt en gestript
- 1 eetlepel dragon, gehakt
- 1 eetlepel kappertjes, uitgelekt
- 2 eetlepels olijfolie
- zwarte peper naar smaak
- 2 kopjes babyspinazie
- 1 eetlepel balsamicoazijn
- 1 kleine rode ui, gehakt
- 2 eetlepels citroensap

Instructies:
4 Meng de garnalen met de dragon en andere ingrediënten in een kom, meng en serveer.

Voeding: Calorieën 258, Vet 12,4, Vezels 6, Koolhydraten 6,7, Eiwit 13,3

kabeljauw parmigiana

Bereidingstijd: 10 minuten
Bereidingstijd: 20 minuten
Porties: 4

Ingrediënten:
- 4 barcodekaarten
- ½ kopje magere Parmezaanse kaas, geraspt
- 3 teentjes knoflook, fijngehakt
- 1 eetlepel olijfolie
- 1 eetlepel citroensap
- ½ kopje groene ui, gehakt

Instructies:
1. Verhit een pan met olijfolie op middelhoog vuur, voeg de knoflook en bieslook toe, roer en bak 5 minuten.
2. Voeg de vis toe en bak 4 minuten per kant.
3. Giet het citroensap erbij, bestrooi met Parmezaanse kaas, kook alles nog 2 minuten, verdeel over de borden en serveer.

Voeding: Calorieën 275, Vet 22,1, Vezels 5, Koolhydraten 18,2, Eiwit 12

Mix van tilapia en rode ui

Bereidingstijd: 10 minuten
Bereidingstijd: 15 minuten
Porties: 4

Ingrediënten:
- 4 tilapiafilets zonder botten
- 2 eetlepels olijfolie
- 1 eetlepel citroensap
- 2 theelepels citroenschil, geraspt
- 2 rode uien, grof gesneden
- 3 eetlepels knoflook, fijngehakt

Instructies:
1. Verhit een pan met olijfolie op middelhoog vuur, voeg de ui, de schil en het citroensap toe, meng en bak 5 minuten.
2. Voeg de vis en de bieslook toe, kook 5 minuten aan elke kant, verdeel over borden en serveer.

Voeding: Calorieën 254, Vet 18,2, Vezels 5,4, Koolhydraten 11,7, Eiwit 4,5

forel salade

Bereidingstijd: 6 minuten
Bereidingstijd: 0 minuten
Porties: 4

Ingrediënten:

- 4 ons gerookte forel, zonder vel, uitgebeend en in blokjes gesneden
- 1 eetlepel citroensap
- 1/3 kopje magere yoghurt
- 2 avocado's, geschild, ontpit en in stukjes gesneden
- 3 eetlepels knoflook, fijngehakt
- zwarte peper naar smaak
- 1 eetlepel olijfolie

Instructies:

1. Meng de forel met de avocado en de andere ingrediënten in een kom, meng en serveer.

Voeding: Calorieën 244, Vet 9,45, Vezels 5,6, Koolhydraten 8,5, Eiwit 15

balsamico forel

Bereidingstijd: 5 minuten
Bereidingstijd: 15 minuten
Porties: 4

Ingrediënten:
- 3 eetlepels balsamicoazijn
- 2 eetlepels olijfolie
- 4 forelfilets zonder bot
- 3 eetlepels peterselie, fijngehakt
- 2 teentjes knoflook, fijngehakt

Instructies:
1. Verhit een pan met olie op middelhoog vuur, voeg de forel toe en bak ze 6 minuten aan elke kant.
2. Voeg de rest van de ingrediënten toe, laat nog 3 minuten koken, verdeel over de borden en serveer met een salade.

Voeding: Calorieën 314, Vet 14,3, Vezels 8,2, Koolhydraten 14,8, Eiwit 11,2

peterselie peterselie

Bereidingstijd: 5 minuten
Kooktijd: 12 minuten
Porties: 4

Ingrediënten:
- 2 gehakte bieslook
- 2 theelepels citroensap
- 1 eetlepel knoflook, fijngehakt
- 1 eetlepel olijfolie
- 4 zalmfilets zonder bot
- zwarte peper naar smaak
- 2 eetlepels peterselie, gehakt

Instructies:
1. Verhit een pan met olijfolie op middelhoog vuur, voeg de ui toe, roer en bak 2 minuten.
2. Voeg de zalm en de andere ingrediënten toe, kook 5 minuten aan elke kant, verdeel over borden en serveer.

Voeding: Calorieën 290, Vet 14,4, Vezels 5,6, Koolhydraten 15,6, Eiwit 9,5

Forel- en groentesalade

Bereidingstijd: 5 minuten
Bereidingstijd: 0 minuten
Porties: 4

Ingrediënten:
- 2 eetlepels olijfolie
- ½ kopje Kalamata-olijven, ontpit en ontpit
- zwarte peper naar smaak
- 1 kilo gerookte forel, zonder vel, zonder vel en in blokjes gesneden
- ½ theelepel citroenschil, geraspt
- 1 eetlepel citroensap
- 1 kop kerstomaatjes, gehalveerd
- ½ rode ui, in plakjes gesneden
- 2 kopjes kiprucola

Instructies:
1. Meng de gerookte forel met de olijven, zwarte peper en de overige ingrediënten in een kom, meng en serveer.

Voeding: Calorieën 282, Vet 13,4, Vezels 5,3, Koolhydraten 11,6, Eiwit 5,6

saffraan zalm

Bereidingstijd: 10 minuten
Kooktijd: 12 minuten
Porties: 4

Ingrediënten:
- zwarte peper naar smaak
- ½ theelepel zoete paprika
- 4 zalmfilets zonder bot
- 3 eetlepels olijfolie
- 1 gele ui, gehakt
- 2 teentjes knoflook, fijngehakt
- ¼ theelepel kurkumapoeder

Instructies:
1. Verhit een pan met olijfolie op middelhoog vuur, voeg de ui en knoflook toe, roer en bak 2 minuten.
2. Voeg de zalm en de andere ingrediënten toe, kook 5 minuten aan elke kant, verdeel over borden en serveer.

Voeding: Calorieën 339, Vet 21,6, Vezels 0,7, Koolhydraten 3,2, Eiwit 35

Salade van garnalen en watermeloen

Bereidingstijd: 10 minuten
Bereidingstijd: 0 minuten
Porties: 4

Ingrediënten:
- ¼ kopje basilicum, gehakt
- 2 kopjes watermeloen, geschild en in blokjes gesneden
- 2 eetlepels balsamicoazijn
- 2 eetlepels olijfolie
- 1 kilo garnalen, gepeld, schoongemaakt en gekookt
- zwarte peper naar smaak
- 1 eetlepel peterselie, gehakt

Instructies:
1. Meng de garnalen met de watermeloen en de andere ingrediënten in een kom, meng en serveer.

Voeding: Calorieën 220, Vet 9, Vezels 0,4, Koolhydraten 7,6, Eiwit 26,4

Garnalensalade met oregano en quinoa

Bereidingstijd: 5 minuten
Bereidingstijd: 8 minuten
Porties: 4

Ingrediënten:
- 1 kg schoongemaakte en gestripte garnalen
- 1 kopje quinoa, gekookt
- zwarte peper naar smaak
- 1 eetlepel olijfolie
- 1 eetlepel gehakte oregano
- 1 rode ui, gehakt
- 1 citroensap

Instructies:
1. Verhit een pan met olijfolie op middelhoog vuur, voeg de ui toe, roer en bak 2 minuten.
2. Voeg de garnalen toe, meng en kook gedurende 5 minuten.
3. Voeg de rest van de ingrediënten toe, meng, verdeel alles in kommen en serveer.

Voeding: Calorieën 336, Vet 8,2, Vezels 4,1, Koolhydraten 32,3, Eiwit 32,3

Krab salade

Bereidingstijd: 10 minuten
Bereidingstijd: 0 minuten
Porties: 4

Ingrediënten:
- 1 eetlepel olijfolie
- 2 kopjes krabvlees
- zwarte peper naar smaak
- 1 kop kerstomaatjes, gehalveerd
- 1 sjalot gehakt
- 1 eetlepel citroensap
- 1/3 kopje koriander, gehakt

Instructies:
1. Meng de krabben met de tomaten en de andere ingrediënten in een kom, meng en serveer.

Voeding: Calorieën 54, Vet 3,9, Vezels 0,6, Koolhydraten 2,6, Eiwit 2,3

Sint-jakobsschelpen met balsamico

Bereidingstijd: 4 minuten
Bereidingstijd: 6 minuten
Porties: 4

Ingrediënten:
- 12 ons mosselen
- 2 eetlepels olijfolie
- 2 teentjes knoflook, fijngehakt
- 1 eetlepel balsamicoazijn
- 1 kopje bieslook, gehakt
- 2 eetlepels koriander, gehakt

Instructies:
1. Verhit een pan met olijfolie op middelhoog vuur, voeg de ui en knoflook toe en bak 2 minuten.
2. Voeg de sint-jakobsschelpen en de andere ingrediënten toe, kook 2 minuten aan elke kant, verdeel over de borden en serveer.

Voeding: Calorieën 146, Vet 7,7, Vezels 0,7, Koolhydraten 4,4, Eiwit 14,8

Romig mengsel voor tong

Bereidingstijd: 10 minuten
Bereidingstijd: 20 minuten
Porties: 4

Ingrediënten:
- 2 eetlepels olijfolie
- 1 rode ui, gehakt
- zwarte peper naar smaak
- ½ kopje natriumarme groentebouillon
- 4 tongfilets, zonder bot
- ½ kopje kokosroom
- 1 eetlepel dille, gehakt

Instructies:
1. Verhit een pan met olie op middelhoog vuur, voeg de ui toe, meng en bak 5 minuten.
2. Voeg de vis toe en bak 4 minuten per kant.
3. Voeg de rest van de ingrediënten toe, kook nog eens 7 minuten, verdeel over borden en serveer.

Voeding: Calorieën 232, Vet 12,3, Vezels 4, Koolhydraten 8,7, Eiwit 12

Pittige mix van zalm en mango

Bereidingstijd: 5 minuten
Bereidingstijd: 0 minuten
Porties: 4

Ingrediënten:
- 1 kilo gerookte zalm, zonder vel en zonder schubben
- zwarte peper naar smaak
- 1 rode ui, gehakt
- 1 mango, geschild, zonder zaadjes en in stukjes gesneden
- 2 jalapeno-pepers, gehakt
- ¼ kopje peterselie, gehakt
- 3 eetlepels citroensap
- 1 eetlepel olijfolie

Instructies:
2. Meng de zalm met de zwarte peper en de overige ingrediënten in een kom, meng en serveer.

Voeding: Calorieën 323, Vet 14,2, Vezels 4, Koolhydraten 8,5, Eiwit 20,4

Garnalen en dille mengsel

Bereidingstijd: 5 minuten
Bereidingstijd: 0 minuten
Porties: 4

Ingrediënten:
- 2 theelepels citroensap
- 1 eetlepel olijfolie
- 1 eetlepel dille, gehakt
- 1 kilo garnalen, gekookt, schoongemaakt en gestript
- zwarte peper naar smaak
- 1 kop radijsjes, in blokjes gesneden

Instructies:
1. Doe de garnalen met het citroensap en de overige ingrediënten in een kom, meng en serveer.

Voeding: Calorieën 292, Vet 13, Vezels 4,4, Koolhydraten 8, Eiwit 16,4

Zalmkoekjes

Bereidingstijd: 4 minuten
Bereidingstijd: 0 minuten
Porties: 6

Ingrediënten:

- 6 ons gerookte zalm, zonder vel, zonder vel en gehakt
- 2 eetlepels magere yoghurt
- 3 theelepels citroensap
- 2 gehakte bieslook
- 8 ons magere roomkaas
- ¼ kopje koriander, gehakt

Instructies:

1. Doe de zalm met de yoghurt en de overige ingrediënten in een kom, meng en serveer koud.

Voeding: Calorieën 272, Vet 15,2, Vezels 4,3, Koolhydraten 16,8, Eiwit 9,9

garnalen met artisjokken

Bereidingstijd: 4 minuten
Bereidingstijd: 8 minuten
Porties: 4

Ingrediënten:
- 2 groene uien, gehakt
- 1 kopje ongezouten artisjokken uit blik, uitgelekt en in vieren gedeeld
- 2 eetlepels koriander, gehakt
- 1 kg schoongemaakte en gestripte garnalen
- 1 kop kerstomaatjes, in blokjes gesneden
- 1 eetlepel olijfolie
- 1 eetlepel balsamicoazijn
- Een snufje zout en zwarte peper

Instructies:
1. Verhit een pan met olijfolie op middelhoog vuur, voeg de ui en artisjok toe, meng en bak 2 minuten.
2. Voeg de garnalen toe, meng en kook op middelhoog vuur gedurende 6 minuten.
3. Verdeel alles in kommen en serveer.

Voeding: calorieën 260, vet 8,23, vezels 3,8, koolhydraten 14,3, eiwit 12,4

Garnalen met citroensaus

Bereidingstijd: 5 minuten
Bereidingstijd: 8 minuten
Porties: 4

Ingrediënten:
- 1 kg schoongemaakte en gestripte garnalen
- 2 eetlepels olijfolie
- 1 citroenschil, geraspt
- Sap van ½ citroen
- 1 eetlepel knoflook, fijngehakt

Instructies:
1. Verhit een pan met olijfolie op middelhoog vuur, voeg de citroenschil, het citroensap en de koriander toe, roer en kook gedurende 2 minuten.
2. Voeg de garnalen toe, kook nog eens 6 minuten, verdeel over de borden en serveer.

Voeding: Calorieën 195, Vet 8,9, Vezels 0, Koolhydraten 1,8, Eiwit 25,9

Een mengsel van tonijn en sinaasappels

Bereidingstijd: 5 minuten
Kooktijd: 12 minuten
Porties: 4

Ingrediënten:
- 4 tonijnfilets zonder bot
- zwarte peper naar smaak
- 2 eetlepels olijfolie
- 2 sjalotten gehakt
- 3 eetlepels sinaasappelsap
- 1 sinaasappel, geschild en in plakjes gesneden
- 1 eetlepel gehakte oregano

Instructies:
1. Verhit een pan met olijfolie op middelhoog vuur, voeg de sjalot toe, roer en bak 2 minuten.
2. Voeg de tonijn en de overige ingrediënten toe, kook nog eens 10 minuten, verdeel over de borden en serveer.

Voeding: Calorieën 457, Vet 38,2, Vezels 1,6, Koolhydraten 8,2, Eiwit 21,8

zalm kerrie

Bereidingstijd: 10 minuten
Bereidingstijd: 20 minuten
Porties: 4

Ingrediënten:
- 1 kg zalmfilets, ontbeend en in blokjes gesneden
- 3 eetlepels rode currypasta
- 1 rode ui, gehakt
- 1 theelepel zoete paprika
- 1 kop kokosroom
- 1 eetlepel olijfolie
- zwarte peper naar smaak
- ½ kopje natriumarme kippenbouillon
- 3 eetlepels basilicum, gehakt

Instructies:
1. Verhit een pan met olijfolie op middelhoog vuur, voeg de ui, paprika en currypasta toe, roer en kook gedurende 5 minuten.
2. Voeg de zalm en de andere ingrediënten toe, meng voorzichtig, kook op middelhoog vuur gedurende 15 minuten, verdeel over kommen en serveer.

Voeding: Calorieën 377, Vet 28,3, Vezels 2,1, Koolhydraten 8,5, Eiwit 23,9

Mengsel van zalm en wortelen

Bereidingstijd: 10 minuten
Bereidingstijd: 15 minuten
Porties: 4

Ingrediënten:
- 4 zalmfilets zonder bot
- 1 rode ui, gehakt
- 2 wortels, in plakjes gesneden
- 2 eetlepels olijfolie
- 2 eetlepels balsamicoazijn
- zwarte peper naar smaak
- 2 eetlepels knoflook, fijngehakt
- ¼ kopje natriumarme groentebouillon

Instructies:
1. Verhit een pan met olijfolie op middelhoog vuur, voeg de ui en wortel toe, meng en bak 5 minuten.
2. Voeg de zalm en de overige ingrediënten toe, bak alles nog 10 minuten bruin, verdeel het over de borden en serveer.

Voeding: Calorieën 322, Vet 18, Vezels 1,4, Koolhydraten 6, Eiwit 35,2

Mix van garnalen en pijnboompitten

Bereidingstijd: 10 minuten
Bereidingstijd: 10 minuten
Porties: 4

Ingrediënten:
- 1 kg schoongemaakte en gestripte garnalen
- 2 eetlepels pijnboompitten
- 1 eetlepel citroensap
- 2 eetlepels olijfolie
- 3 teentjes knoflook, fijngehakt
- zwarte peper naar smaak
- 1 eetlepel tijm, gehakt
- 2 eetlepels bieslook, fijngehakt

Instructies:
1. Verhit een pan met olijfolie op middelhoog vuur, voeg de knoflook, tijm, pijnboompitten en citroensap toe, roer en kook gedurende 3 minuten.
2. Voeg de garnalen, zwarte peper en bieslook toe, meng, kook nog eens 7 minuten, verdeel over de borden en serveer.

Voeding: Calorieën 290, Vet 13, Vezels 4,5, Koolhydraten 13,9, Eiwit 10

Kabeljauw met paprika en sperziebonen

Bereidingstijd: 10 minuten
Bereidingstijd: 14 minuten
Porties: 4

Ingrediënten:
- 4 barcodekaarten
- ½ pond sperziebonen, bijgesneden en gehalveerd
- 1 eetlepel citroensap
- 1 eetlepel citroenschil, geraspt
- 1 gele ui, gehakt
- 2 eetlepels olijfolie
- 1 theelepel komijn, gemalen
- 1 theelepel chilipoeder
- ½ kopje natriumarme groentebouillon
- Een snufje zout en zwarte peper

Instructies:
1. Verhit een pan met olie op middelhoog vuur, voeg de ui toe, meng en bak 2 minuten.
2. Voeg de vis toe en bak 3 minuten aan elke kant.
3. Voeg de sperziebonen en de overige ingrediënten toe, meng voorzichtig, kook nog eens 7 minuten, verdeel over de borden en serveer.

Voeding: Calorieën 220, Vet 13, Koolhydraten 14,3, Vezels 2,3, Eiwit 12

knoflookteentjes

Bereidingstijd: 5 minuten
Bereidingstijd: 8 minuten
Porties: 4

Ingrediënten:
- 12 schelpen
- 1 rode ui, in plakjes gesneden
- 2 eetlepels olijfolie
- ½ theelepel knoflook, fijngehakt
- 2 eetlepels citroensap
- zwarte peper naar smaak
- 1 theelepel balsamicoazijn

Instructies:
1. Verhit een pan met olijfolie op middelhoog vuur, voeg de ui en knoflook toe en bak 2 minuten.
2. Voeg de sint-jakobsschelpen en de andere ingrediënten toe, kook nog eens 6 minuten op middelhoog vuur, verdeel over de borden en serveer warm.

Voeding: Calorieën 259, vet 8, vezels 3, koolhydraten 5,7, eiwit 7

Romige mix van zeebaars

Bereidingstijd: 10 minuten
Bereidingstijd: 14 minuten
Porties: 4

Ingrediënten:
- 4 zeebaarsfilets zonder bot
- 1 kop kokosroom
- 1 gele ui, gehakt
- 1 eetlepel citroensap
- 2 eetlepels avocado-olie
- 1 eetlepel peterselie, gehakt
- Een snufje zwarte peper

Instructies:
1. Verhit een pan met olijfolie op middelhoog vuur, voeg de ui toe, roer en bak 2 minuten.
2. Voeg de vis toe en bak 4 minuten per kant.
3. Voeg de rest van de ingrediënten toe, kook alles nog 4 minuten, verdeel over borden en serveer.

Voeding: Calorieën 283, Vet 12,3, Vezels 5, Koolhydraten 12,5, Eiwit 8

Een mengsel van zeebaars en champignons

Bereidingstijd: 10 minuten
Kooktijd: 13 minuten
Porties: 4

Ingrediënten:
- 4 zeebaarsfilets zonder bot
- 2 eetlepels olijfolie
- zwarte peper naar smaak
- ½ kopje gesneden witte champignons
- 1 rode ui, gehakt
- 2 eetlepels balsamicoazijn
- 3 eetlepels koriander, gehakt

Instructies:
1. Verhit een pan met olijfolie op middelhoog vuur, voeg de ui en champignons toe, roer en kook gedurende 5 minuten.
2. Voeg de vis en de andere ingrediënten toe, kook 4 minuten aan elke kant, verdeel over borden en serveer.

Voeding: calorieën 280, vet 12,3, vezels 8, koolhydraten 13,6, eiwit 14,3

zalm soep

Bereidingstijd: 5 minuten
Bereidingstijd: 20 minuten
Porties: 4

Ingrediënten:

- 1 kg zalmfilets, zonder vel, zonder vel en in blokjes gesneden
- 1 kopje gele ui, gehakt
- 2 eetlepels olijfolie
- zwarte peper naar smaak
- 2 kopjes natriumarme groentebouillon
- 1 1/2 kopjes gehakte tomaten
- 1 eetlepel basilicum, gehakt

Instructies:

1. Verhit een pan met olijfolie op middelhoog vuur, voeg de ui toe, roer en bak 5 minuten.
2. Voeg de zalm en andere ingrediënten toe, breng aan de kook en kook op middelhoog vuur gedurende 15 minuten.
3. Verdeel de soep over kommen en serveer.

Voeding: Calorieën 250, Vet 12,2, Vezels 5, Koolhydraten 8,5, Eiwit 7

Nootmuskaat garnalen

Bereidingstijd: 3 minuten
Bereidingstijd: 6 minuten
Porties: 4

Ingrediënten:
- 1 kg schoongemaakte en gestripte garnalen
- 2 eetlepels olijfolie
- 1 eetlepel citroensap
- 1 eetlepel gemalen nootmuskaat
- zwarte peper naar smaak
- 1 eetlepel koriander, gehakt

Instructies:
1. Verhit een pan met olie op middelhoog vuur, voeg de garnalen, het citroensap en de overige ingrediënten toe, meng, kook 6 minuten, verdeel over de kommen en serveer.

Voeding: Calorieën 205, Vet 9,6, Vezels 0,4, Koolhydraten 2,7, Eiwit 26

Mix van garnalen en rood fruit

Bereidingstijd: 4 minuten
Bereidingstijd: 6 minuten
Porties: 4

Ingrediënten:
- 1 kg schoongemaakte en gestripte garnalen
- ½ kopje tomaten, in blokjes gesneden
- 2 eetlepels olijfolie
- 1 eetlepel balsamicoazijn
- ½ kopje gesneden aardbeien
- zwarte peper naar smaak

Instructies:
1. Verhit een pan met olie op middelhoog vuur, voeg de garnalen toe, meng en kook gedurende 3 minuten.
2. Voeg de rest van de ingrediënten toe, meng, kook nog 3-4 minuten, verdeel over kommen en serveer.

Voeding: Calorieën 205, Vet 9, Vezels 0,6, Koolhydraten 4, Eiwit 26,2

Gebakken citroenforel

Bereidingstijd: 10 minuten
Bereidingstijd: 30 minuten
Porties: 4

Ingrediënten:
- 4 forel
- 1 eetlepel citroenschil, geraspt
- 2 eetlepels olijfolie
- 2 eetlepels citroensap
- Een snufje zwarte peper
- 2 eetlepels koriander, gehakt

Instructies:
1. Meng de vis in een ovenschaal met de citroenschil en de overige ingrediënten en wrijf.
2. Bak op 370 graden F gedurende 30 minuten, verdeel over borden en serveer.

Voeding: Calorieën 264, vet 12,3, vezels 5, koolhydraten 7, eiwit 11

Sint-Jakobsschelpen met bieslook

Bereidingstijd: 3 minuten
Bereidingstijd: 4 minuten
Porties: 4

Ingrediënten:
- 12 schelpen
- 2 eetlepels olijfolie
- zwarte peper naar smaak
- 2 eetlepels knoflook, fijngehakt
- 1 eetlepel zoete paprika

Instructies:
1. Verhit een pan met olijfolie op middelhoog vuur, voeg de sint-jakobsschelpen, paprikapoeder en andere ingrediënten toe en bak 2 minuten aan elke kant.
2. Verdeel over borden en serveer met salade.

Voeding: Calorieën 215, vet 6, vezels 5, koolhydraten 4,5, eiwit 11

tonijn karbonades

Bereidingstijd: 10 minuten
Bereidingstijd: 30 minuten
Porties: 4

Ingrediënten:
- 2 eetlepels olijfolie
- 1 kilo tonijn, zonder vel, ontbeend en gehakt
- 1 gele ui, gehakt
- ¼ kopje gehakte knoflook
- 1 losgeklopt ei
- 1 eetlepel kokosmeel
- Een snufje zout en zwarte peper

Instructies:
1. Meng in een kom de tonijn met de ui en de overige ingrediënten, behalve de olie, meng goed en vorm met dit mengsel middelgrote gehaktballetjes.
2. Leg de gehaktballetjes op een bakplaat, bestrijk ze met olie, bak ze op 180 graden, kook ze 30 minuten, verdeel ze over borden en serveer.

Voeding: calorieën 291, vet 14,3, vezels 5, koolhydraten 12,4, eiwit 11

pan met zalm

Bereidingstijd: 10 minuten
Kooktijd: 12 minuten
Porties: 4

Ingrediënten:

- 4 zalmfilets, ontbeend en grof gesneden
- 2 eetlepels olijfolie
- 1 rode paprika, in reepjes gesneden
- 1 courgette, grof gesneden
- 1 aubergine, grof gesneden
- 1 eetlepel citroensap
- 1 eetlepel dille, gehakt
- ¼ kopje natriumarme groentebouillon
- 1 theelepel knoflookpoeder
- Een snufje zwarte peper

Instructies:

1. Verhit een pan met olie op middelhoog vuur, voeg de paprika, courgette en aubergine toe, meng en bak 3 minuten.
2. Voeg de zalm en de overige ingrediënten toe, meng voorzichtig, kook nog 9 minuten, verdeel over de borden en serveer.

Voeding: Calorieën 348, Vet 18,4, Vezels 5,3, Koolhydraten 11,9, Eiwit 36,9

gemengde kabeljauw met mosterd

Bereidingstijd: 10 minuten
Kooktijd: 25 minuten
Porties: 4

Ingrediënten:

- 4 kabeljauwfilets zonder vel en zonder bot
- Een snufje zwarte peper
- 1 theelepel gember, geraspt
- 1 eetlepel mosterd
- 2 eetlepels olijfolie
- 1 theelepel gedroogde tijm
- ¼ theelepel komijn, gemalen
- 1 theelepel kurkumapoeder
- ¼ kopje koriander, gehakt
- 1 kopje natriumarme groentebouillon
- 3 teentjes knoflook, fijngehakt

Instructies:

1. Meng de kabeljauw met zwarte peper, gember en de overige ingrediënten in een pan, meng voorzichtig en bak 25 minuten op 180°.
2. Verdeel het mengsel over borden en serveer.

Voeding: Calorieën 176, Vet 9, Vezels 1, Koolhydraten 3,7, Eiwit 21,2

Mix van garnalen en asperges

Bereidingstijd: 10 minuten
Bereidingstijd: 14 minuten
Porties: 4

Ingrediënten:
- 1 bosje asperges gehalveerd
- 1 kg schoongemaakte en gestripte garnalen
- zwarte peper naar smaak
- 2 eetlepels olijfolie
- 1 rode ui, gehakt
- 2 teentjes knoflook, fijngehakt
- 1 kop kokosroom

Instructies:
1. Verhit een pan met olijfolie op middelhoog vuur, voeg de ui, knoflook en asperges toe, meng en bak 4 minuten.
2. Voeg de garnalen en de overige ingrediënten toe, meng, kook op middelhoog vuur gedurende 10 minuten, verdeel alles over kommen en serveer.

Voeding: Calorieën 225, vet 6, vezels 3,4, koolhydraten 8,6, eiwit 8

kabeljauw en erwten

Bereidingstijd: 10 minuten
Bereidingstijd: 20 minuten
Porties: 4

Ingrediënten:

- 1 gele ui, gehakt
- 2 eetlepels olijfolie
- ½ kopje natriumarme kippenbouillon
- 4 kabeljauwfilets, zonder vel, zonder vel
- zwarte peper naar smaak
- 1 kopje erwten

Instructies:

1. Verhit een pan met olijfolie op middelhoog vuur, voeg de ui toe, roer en bak 4 minuten.
2. Voeg de vis toe en bak 3 minuten aan elke kant.
3. Voeg de erwten en de overige ingrediënten toe, kook alles nog 10 minuten, verdeel over de borden en serveer.

Voeding: Calorieën 240, Vet 8,4, Vezels 2,7, Koolhydraten 7,6, Eiwit 14

Garnalen- en mosselschalen

Bereidingstijd: 5 minuten
Kooktijd: 12 minuten
Porties: 4

Ingrediënten:
- 1 kilo mosselen, geschild
- ½ kopje natriumarme kippenbouillon
- 1 kg schoongemaakte en gestripte garnalen
- 2 sjalotten gehakt
- 1 kop kerstomaatjes, in blokjes gesneden
- 2 teentjes knoflook, fijngehakt
- 1 eetlepel olijfolie
- 1 citroensap

Instructies:
1. Verhit de olie in een pan op middelhoog vuur, voeg de ui en knoflook toe en bak 2 minuten.
2. Voeg de garnalen, mosselen en andere ingrediënten toe, kook alles op middelhoog vuur gedurende 10 minuten, verdeel over kommen en serveer.

Voeding: Calorieën 240, Vet 4,9, Vezels 2,4, Koolhydraten 11,6, Eiwit 8

munt crème

Voorbereidingstijd: 2 uur en 4 minuten

Bereidingstijd: 0 minuten
Porties: 4

Ingrediënten:
- 4 kopjes magere yoghurt
- 1 kop kokosroom
- 3 eetlepels stevia
- 2 theelepels citroenschil, geraspt
- 1 eetlepel gehakte munt

Instructies:
1. Meng de room met de yoghurt en de overige ingrediënten in een blender, klop goed, verdeel in kopjes en zet 2 uur in de koelkast alvorens te serveren.

Voeding: Calorieën 512, Vet 14,3, Vezels 1,5, Koolhydraten 83,6, Eiwit 12,1

frambozenpudding

Bereidingstijd: 10 minuten
Bereidingstijd: 24 minuten
Porties: 4

Ingrediënten:
- 1 kopje frambozen
- 2 theelepels kokossuiker
- 3 losgeklopte eieren
- 1 eetlepel avocado-olie
- ½ kopje amandelmelk
- ½ kopje kokosmeel
- ¼ kopje magere yoghurt

Instructies:
1. Meng de frambozen in een kom met de suiker en de overige ingrediënten, behalve de kookspray, en meng goed.
2. Smeer een puddingvorm in met kookspray, giet het frambozenmengsel erin, spreid uit, bak 24 minuten op 400 graden F, verdeel over dessertborden en serveer.

Voeding: Calorieën 215, Vet 11,3, Vezels 3,4, Koolhydraten 21,3, Eiwit 6,7

amandel repen

Bereidingstijd: 10 minuten
Bereidingstijd: 30 minuten
Porties: 4

Ingrediënten:
- 1 kopje amandelen, gehakt
- 2 eieren, losgeklopt
- ½ kopje amandelmelk
- 1 theelepel vanille-extract
- 2/3 kopje kokossuiker
- 2 kopjes volkorenmeel
- 1 theelepel bakpoeder
- Bak spray

Instructies:
1. Meng in een kom de amandelen met de eieren en de overige ingrediënten behalve de kookspray en meng goed.
2. Giet het mengsel in een vierkante pan, ingevet met kookspray, verdeel goed, bak 30 minuten, laat afkoelen, snijd in repen en serveer.

Voeding: calorieën 463, vet 22,5, vezels 11, koolhydraten 54,4, eiwit 16,9

mengsel van geroosterde perziken

Bereidingstijd: 10 minuten
Bereidingstijd: 30 minuten
Porties: 4

Ingrediënten:
- 4 perziken, ontpit en doormidden gesneden
- 1 eetlepel kokossuiker
- 1 theelepel vanille-extract
- ¼ theelepel gemalen kaneel
- 1 eetlepel avocado-olie

Instructies:
1. Breng de perziken in een pan op smaak met de suiker en de overige ingrediënten, bak ze 30 minuten op 180°C, koel af en serveer.

Voeding: calorieën 91, vet 0,8, vezels 2,5, koolhydraten 19,2, eiwit 1,7

Walnoten taart

Bereidingstijd: 10 minuten
Kooktijd: 25 minuten
Porties: 8

Ingrediënten:
- 3 kopjes amandelmeel
- 1 kopje kokossuiker
- 1 eetlepel vanille-extract
- ½ kopje walnoten, gehakt
- 2 theelepels zuiveringszout
- 2 kopjes kokosmelk
- ½ kopje kokosolie, gesmolten

Instructies:
1. Meng het amandelmeel met de suiker en de overige ingrediënten in een kom, goed kloppen, in de pan gieten, verdelen, bakken op 180°C, 25 minuten koken.
2. Laat de cake afkoelen, snijd hem aan en serveer.

Voeding: Calorieën 445, Vet 10, Vezels 6,5, Koolhydraten 31,4, Eiwit 23,5

appeltaart

Bereidingstijd: 10 minuten
Bereidingstijd: 30 minuten
Porties: 4

Ingrediënten:
- 2 kopjes amandelmeel
- 1 theelepel zuiveringszout
- 1 theelepel bakpoeder
- ½ theelepel gemalen kaneel
- 2 eetlepels kokossuiker
- 1 kopje amandelmelk
- 2 groene appels, geschild, klokhuis verwijderd en in plakjes gesneden
- Bak spray

Instructies:
1. Meng de bloem in een kom met het zuiveringszout, de appels en de overige ingrediënten behalve de kookspray en klop goed.
2. Giet het mengsel op een bakplaat bedekt met kookspray, verdeel het gelijkmatig, plaats het in de oven en bak op 350°F gedurende 30 minuten.
3. Koel de cake, snijd hem aan en serveer.

Voeding: calorieën 332, vet 22,4, vezels 9 l.6, koolhydraten 22,2, eiwitten 12,3

kaneel crème

Bereidingstijd: 2 uur
Bereidingstijd: 10 minuten
Porties: 4

Ingrediënten:
- 1 kopje magere amandelmelk
- 1 kop kokosroom
- 2 kopjes kokossuiker
- 2 eetlepels gemalen kaneel
- 1 theelepel vanille-extract

Instructies:
1. Verhit de pan met de amandelmelk op middelhoog vuur, voeg de rest van de ingrediënten toe, klop en kook nog eens 10 minuten.
2. Verdeel het mengsel in kommen, laat afkoelen en zet het 2 uur in de koelkast voordat je het serveert.

Voeding: Calorieën 254, Vet 7,5, Vezels 5, Koolhydraten 16,4, Eiwit 9,5

Romige aardbeienmix

Bereidingstijd: 10 minuten
Bereidingstijd: 0 minuten
Porties: 4

Ingrediënten:
- 1 theelepel vanille-extract
- 2 kopjes gehakte aardbeien
- 1 theelepel kokossuiker
- 8 ons magere yoghurt

Instructies:
1. Meng de aardbeien met de vanille en de overige ingrediënten in een kom, meng en serveer koud.

Voeding: Calorieën 343, Vet 13,4, Vezels 6, Koolhydraten 15,43, Eiwit 5,5

Brownies met vanille-pecannoten

Bereidingstijd: 10 minuten
Kooktijd: 25 minuten
Porties: 8

Ingrediënten:
- 1 kopje walnoten, gehakt
- 3 eetlepels kokossuiker
- 2 eetlepels cacaopoeder
- 3 losgeklopte eieren
- ¼ kopje kokosolie, gesmolten
- ½ theelepel gist
- 2 theelepels vanille-extract
- Bak spray

Instructies:
1. Meng de walnoten in een keukenmachine met de kokossuiker en andere ingrediënten behalve de kookspray en meng goed.
2. Spuit een vierkante bakvorm in met kookspray, giet het cakemengsel erin, rol uit, plaats in de oven, bak op 180°C gedurende 25 minuten, koel af, snijd in plakjes en serveer.

Voeding: Calorieën 370, Vet 14,3, Vezels 3, Koolhydraten 14,4, Eiwit 5,6

aardbeientaart

Bereidingstijd: 10 minuten
Kooktijd: 25 minuten
Porties: 6

Ingrediënten:
- 2 kopjes volkorenmeel
- 1 kopje gehakte aardbeien
- ½ theelepel zuiveringszout
- ½ kopje kokossuiker
- ¾ kopje kokosmelk
- ¼ kopje kokosolie, gesmolten
- 2 eieren, losgeklopt
- 1 theelepel vanille-extract
- Bak spray

Instructies:
1. Meng in een kom de bloem met de aardbeien en de andere ingrediënten behalve de Coca Cola-spray en klop goed.
2. Smeer een cakevorm in met kookspray, giet het cakemengsel erin, spreid uit, bak 25 minuten op 350 graden F, koel af, snijd en serveer.

Voeding: Calorieën 465, Vet 22,1, Vezels 4, Koolhydraten 18,3, Eiwit 13,4

cacaopudding

Bereidingstijd: 10 minuten
Bereidingstijd: 10 minuten
Porties: 4

Ingrediënten:
- 2 eetlepels kokossuiker
- 3 eetlepels kokosmeel
- 2 eetlepels cacaopoeder
- 2 kopjes amandelmelk
- 2 eieren, losgeklopt
- ½ theelepel vanille-extract

Instructies:
1. Giet de melk in een pan, voeg de cacao en de andere ingrediënten toe, meng, kook op middelhoog vuur gedurende 10 minuten, giet het in kopjes en serveer koud.

Voeding: Calorieën 385, Vet 31,7, Vezels 5,7, Koolhydraten 21,6, Eiwit 7,3

Vanillecrème met nootmuskaat

Bereidingstijd: 10 minuten
Bereidingstijd: 0 minuten
Porties: 6

Ingrediënten:
- 3 kopjes magere melk
- 1 theelepel gemalen nootmuskaat
- 2 theelepels vanille-extract
- 4 theelepels kokossuiker
- 1 kopje walnoten, gehakt

Instructies:
1. Meng de melk in een kom met de nootmuskaat en de overige ingrediënten, klop goed, verdeel over glazen en serveer koud.

Voeding: calorieën 243, vet 12,4, vezels 1,5, koolhydraten 21,1, eiwit 9,7

avocado-crème

Voorbereidingstijd: 1 uur en 10 minuten

Bereidingstijd: 0 minuten
Porties: 4

Ingrediënten:
- 2 kopjes kokosroom
- 2 avocado's, geschild, ontpit en gepureerd
- 2 eetlepels kokossuiker
- 1 theelepel vanille-extract

Instructies:
1. Meng de room met de avocado en de overige ingrediënten in een blender, klop goed, verdeel in kopjes en zet 1 uur in de koelkast alvorens te serveren.

Voeding: Calorieën 532, Vet 48,2, Vezels 9,4, Koolhydraten 24,9, Eiwit 5,2

frambozen crème

Bereidingstijd: 10 minuten
Kooktijd: 25 minuten
Porties: 4

Ingrediënten:
- 2 eetlepels amandelmeel
- 1 kop kokosroom
- 3 kopjes frambozen
- 1 kopje kokossuiker
- 8 ons magere roomkaas

Instructies:
1. Doe de bloem met de room en de overige ingrediënten in een kom, klop op, doe het in een ronde pan, bak op 180° gedurende 25 minuten, verdeel het over de kommen en serveer.

Voeding: Calorieën 429, Vet 36,3, Vezels 7,7, Koolhydraten 21,3, Eiwit 7,8

watermeloen salade

Bereidingstijd: 4 minuten
Bereidingstijd: 0 minuten
Porties: 4

Ingrediënten:
- 1 kopje watermeloen, geschild en in blokjes gesneden
- 2 appels, ontpit en in stukjes gesneden
- 1 eetlepel kokosroom
- 2 bananen, in stukjes gesneden

Instructies:
1. Meng de watermeloen in een kom met de appels en de andere ingrediënten, meng en serveer.

Voeding: Calorieën 131, Vet 1,3, Vezels 4,5, Koolhydraten 31,9, Eiwit 1,3

Mix van peren en kokosnoot

Bereidingstijd: 10 minuten
Bereidingstijd: 10 minuten
Porties: 4

Ingrediënten:
- 2 theelepels citroensap
- ½ kopje kokosroom
- ½ kopje geraspte kokosnoot
- 4 peren, ontpit en in blokjes gesneden
- 4 eetlepels kokossuiker

Instructies:
1. Meng de peren met het citroensap en de overige ingrediënten in een pan, roer, zet op middelhoog vuur en kook gedurende 10 minuten.
2. Verdeel over kommen en serveer koud.

Voeding: Calorieën 320, Vet 7,8, Vezels 3, Koolhydraten 6,4, Eiwit 4,7

Appeljam

Bereidingstijd: 10 minuten
Bereidingstijd: 15 minuten
Porties: 4

Ingrediënten:
- 5 eetlepels kokossuiker
- 2 kopjes sinaasappelsap
- 4 appels, ontpit en in blokjes gesneden

Instructies:
1. Doe de appels met de suiker en het sinaasappelsap in een pan, meng, zet op middelhoog vuur, kook gedurende 15 minuten, verdeel in kommen en serveer koud.

Voeding: Calorieën 220, Vet 5,2, Vezels 3, Koolhydraten 5,6, Eiwit 5,6

abrikozenstoofpot

Bereidingstijd: 10 minuten
Bereidingstijd: 15 minuten
Porties: 4

Ingrediënten:
- 2 kopjes abrikozen in tweeën gesneden
- 2 kopjes water
- 2 eetlepels kokossuiker
- 2 eetlepels citroensap

Instructies:
1. Meng de abrikozen met het water en de overige ingrediënten in een pan, haal het uit de verpakking, kook op middelhoog vuur gedurende 15 minuten, verdeel het over kommen en serveer.

Voeding: Calorieën 260, Vet 6,2, Vezels 4,2, Koolhydraten 5,6, Eiwit 6

Mengeling van citroen en meloen

Bereidingstijd: 10 minuten
Bereidingstijd: 10 minuten
Porties: 4

Ingrediënten:
- 2 kopjes meloen, geschild en grof gehakt
- 4 eetlepels kokossuiker
- 2 theelepels vanille-extract
- 2 theelepels citroensap

Instructies:
1. Meng de meloen met de suiker en de overige ingrediënten in een pan, meng, verwarm op middelhoog vuur, kook ongeveer 10 minuten, verdeel in kommen en serveer koud.

Voeding: Calorieën 140, vet 4, vezels 3,4, koolhydraten 6,7, eiwit 5

romige rabarberdip

Bereidingstijd: 10 minuten
Bereidingstijd: 14 minuten
Porties: 4

Ingrediënten:
- 1/3 kopje magere roomkaas
- ½ kopje kokosroom
- 2 kilo rabarber, grof gesneden
- 3 eetlepels kokossuiker

Instructies:
1. Doe de roomkaas met de room en de overige ingrediënten in een blender en klop goed.
2. Verdeel in kleine kopjes, plaats in de oven en bak gedurende 14 minuten op 350 graden F.
3. Het wordt koud geserveerd.

Voeding: Calorieën 360, Vet 14,3, Vezels 4,4, Koolhydraten 5,8, Eiwit 5,2

ananas kommen

Bereidingstijd: 10 minuten
Bereidingstijd: 0 minuten
Porties: 4

Ingrediënten:
- 3 kopjes geschilde en gehakte ananas
- 1 theelepel chiazaad
- 1 kop kokosroom
- 1 theelepel vanille-extract
- 1 eetlepel gehakte munt

Instructies:
1. Meng de ananas met de room en de overige ingrediënten in een kom, meng, verdeel in kleinere kommen en zet 10 minuten in de koelkast voordat je het serveert.

Voeding: Calorieën 238, Vet 16,6, Vezels 5,6, Koolhydraten 22,8, Eiwit 3,3

bosbessen stoofpot

Bereidingstijd: 10 minuten
Bereidingstijd: 10 minuten
Porties: 4

Ingrediënten:
- 2 eetlepels citroensap
- 1 kopje water
- 3 eetlepels kokossuiker
- 12 ons bosbessen

Instructies:
1. Meng de bosbessen met de suiker en de overige ingrediënten in een pan, breng aan de kook en kook op middelhoog vuur gedurende 10 minuten.
2. Verdeel in kommen en serveer.

Voeding: Calorieën 122, Vet 0,4, Vezels 2,1, Koolhydraten 26,7, Eiwit 1,5

Citroenpudding

Bereidingstijd: 10 minuten
Bereidingstijd: 15 minuten
Porties: 4

Ingrediënten:
- 2 kopjes kokosroom
- Sap van 1 limoen
- Schil van 1 limoen, geraspt
- 3 eetlepels kokosolie, gesmolten
- 1 losgeklopt ei
- 1 theelepel bakpoeder

Instructies:
1. Meng in een kom de room met het citroensap en de rest van de ingrediënten en klop goed.
2. Verdeel in kleine vormen, plaats in de oven en bak gedurende 15 minuten op 360 graden F.
3. Serveer de pudding koud.

Voeding: Calorieën 385, Vet 39,9, Vezels 2,7, Koolhydraten 8,2, Eiwit 4,2

perzik crème

Bereidingstijd: 10 minuten
Bereidingstijd: 0 minuten
Porties: 4

Ingrediënten:
- 3 kopjes kokosroom
- 2 perziken, ontpit en in stukjes gesneden
- 1 theelepel vanille-extract
- ½ kopje amandelen, gehakt

Instructies:
1. Klop de room en andere ingrediënten in de blender, klop goed, verdeel in kleine kommen en serveer koud.

Voeding: calorieën 261, vet 13, vezels 5,6, koolhydraten 7, eiwit 5,4

Mengsel van kaneel en pruim

Bereidingstijd: 10 minuten
Bereidingstijd: 15 minuten
Porties: 4

Ingrediënten:
- 1 kilo pruimen, ontpit en gehalveerd
- 2 eetlepels kokossuiker
- ½ theelepel gemalen kaneel
- 1 kopje water

Instructies:
1. Meng de pruimen in een pan met de suiker en de overige ingrediënten, breng aan de kook en kook op middelhoog vuur gedurende 15 minuten.
2. Verdeel over kommen en serveer koud.

Voeding: Calorieën 142, vet 4, vezels 2,4, koolhydraten 14, eiwit 7

Appel Chia en Vanille

Bereidingstijd: 10 minuten
Bereidingstijd: 10 minuten
Porties: 4

Ingrediënten:
- 2 kopjes appels, ontpit en in plakjes gesneden
- 2 eetlepels chiazaad
- 1 theelepel vanille-extract
- 2 kopjes natuurlijk ongezoet appelsap

Instructies:
1. Meng de appels met de chiazaden en de overige ingrediënten in een pan, meng, kook op middelhoog vuur gedurende 10 minuten, verdeel in kommen en serveer koud.

Voeding: Calorieën 172, Vet 5,6, Vezels 3,5, Koolhydraten 10, Eiwit 4,4

Rijst- en perenpudding

Bereidingstijd: 10 minuten
Kooktijd: 25 minuten
Porties: 4

Ingrediënten:
- 6 kopjes water
- 1 kopje kokossuiker
- 2 kopjes zwarte rijst
- 2 peren, ontpit en in blokjes gesneden
- 2 theelepels gemalen kaneel

Instructies:
1. Giet het water in een pan, zet het op middelhoog vuur, voeg de rijst, suiker en andere ingrediënten toe, meng, breng aan de kook, zet het vuur laag en kook gedurende 25 minuten.
2. Verdeel over kommen en serveer koud.

Voeding: Calorieën 290, Vet 13,4, Vezels 4, Koolhydraten 13,20, Eiwit 6,7

rabarber stoofpot

Bereidingstijd: 10 minuten
Bereidingstijd: 15 minuten
Porties: 4

Ingrediënten:
- 2 kopjes rabarber, grof gehakt
- 3 eetlepels kokossuiker
- 1 theelepel amandelextract
- 2 kopjes water

Instructies:
1. Meng de rabarber met de overige ingrediënten in een pan, haal het uit de verpakking, zet het op middelhoog vuur, kook gedurende 15 minuten, verdeel het over kommen en serveer koud.

Voeding: Calorieën 142, vet 4,1, vezels 4,2, koolhydraten 7, eiwit 4

rabarber crème

Bereidingstijd: 1 uur
Bereidingstijd: 10 minuten
Porties: 4

Ingrediënten:
- 2 kopjes kokosroom
- 1 kopje gehakte rabarber
- 3 losgeklopte eieren
- 3 eetlepels kokossuiker
- 1 eetlepel citroensap

Instructies:
1. Meng de room in een pan met de rabarber en de andere ingrediënten, klop goed, kook op middelhoog vuur gedurende 10 minuten, hak het in de blender, verdeel het in kommen en zet het 1 uur in de koelkast voordat u het serveert.

Voeding: Calorieën 230, Vet 8,4, Vezels 2,4, Koolhydraten 7,8, Eiwit 6

bosbessen salade

Bereidingstijd: 5 minuten
Bereidingstijd: 0 minuten
Porties: 4

Ingrediënten:
- 2 kopjes bosbessen
- 3 eetlepels gehakte munt
- 1 peer, ontpit en in blokjes gesneden
- 1 appel, ontpit en in stukjes gesneden
- 1 eetlepel kokossuiker

Instructies:
1. Meng in een kom de bosbessen met de munt en de overige ingrediënten, meng en serveer koud.

Voeding: Calorieën 150, vet 2,4, vezels 4, koolhydraten 6,8, eiwit 6

Datum en bananencrème

Bereidingstijd: 5 minuten
Bereidingstijd: 0 minuten
Porties: 4

Ingrediënten:
- 1 kopje amandelmelk
- 1 banaan geschild en in plakjes gesneden
- 1 theelepel vanille-extract
- ½ kopje kokosroom
- gehakte dadels

Instructies:
1. Meng de dadels met de bananen en de overige ingrediënten in een blender, meng goed, verdeel in kopjes en serveer koud.

Voeding: calorieën 271, vet 21,6, vezels 3,8, koolhydraten 21,2, eiwit 2,7

pruimen sandwiches

Bereidingstijd: 10 minuten
Kooktijd: 25 minuten
Porties: 12

Ingrediënten:
- 3 eetlepels kokosolie, gesmolten
- ½ kopje amandelmelk
- 4 losgeklopte eieren
- 1 theelepel vanille-extract
- 1 kopje amandelmeel
- 2 theelepels gemalen kaneel
- ½ theelepel gist
- 1 kopje ontpitte en gehakte pruimen

Instructies:
1. Meng de kokosolie met de amandelmelk en de overige ingrediënten in een kom en meng goed.
2. Verdeel het in een muffinvorm, plaats het in een oven van 350 graden F en bak gedurende 25 minuten.
3. Serveer de broodjes koud.

Voeding: Calorieën 270, Vet 3,4, Vezels 4,4, Koolhydraten 12, Eiwit 5

Kommen met pruimen en rozijnen

Bereidingstijd: 10 minuten
Bereidingstijd: 20 minuten
Porties: 4

Ingrediënten:
- ½ kilo pruimen, ontpit en gehalveerd
- 2 eetlepels kokossuiker
- 4 eetlepels rozijnen
- 1 theelepel vanille-extract
- 1 kop kokosroom

Instructies:
1. Meng de pruimen met de suiker en de overige ingrediënten in een pan, breng aan de kook en kook op middelhoog vuur gedurende 20 minuten.
2. Verdeel in kommen en serveer.

Voeding: Calorieën 219, Vet 14,4, Vezels 1,8, Koolhydraten 21,1, Eiwit 2,2

zonnebloem stokken

Bereidingstijd: 10 minuten
Bereidingstijd: 20 minuten
Porties: 6

Ingrediënten:
- 1 kopje kokosmeel
- ½ theelepel zuiveringszout
- 1 eetlepel lijnzaad
- 3 eetlepels amandelmelk
- 1 kopje zonnebloempitten
- 2 eetlepels kokosolie, gesmolten
- 1 theelepel vanille-extract

Instructies:
1. Meng de bloem met het natriumbicarbonaat en de overige ingrediënten in een kom, meng goed, spreid uit op een bakplaat, druk goed aan, bak op 180° gedurende 20 minuten, laat afkoelen, snijd in repen. en het helpt.

Voeding: calorieën 189, vet 12,6, vezels 9,2, koolhydraten 15,7, eiwit 4,7

Bosbessen-cachou-kommen

Bereidingstijd: 10 minuten
Bereidingstijd: 0 minuten
Porties: 4
Ingrediënten:

- 1 kopje cashewnoten
- 2 kopjes bramen
- ¾ kopje kokosroom
- 1 theelepel vanille-extract
- 1 eetlepel kokossuiker

Instructies:

1. Meng de cashewnoten in een kom met het fruit en de overige ingrediënten, meng, verdeel in kleine kommen en serveer.

Voeding: Calorieën 230, Vet 4, Vezels 3,4, Koolhydraten 12,3, Eiwit 8

Kommen met sinaasappelen en mandarijnen

Bereidingstijd: 4 minuten
Bereidingstijd: 8 minuten
Porties: 4

Ingrediënten:
- 4 sinaasappels, geschild en in plakjes gesneden
- 2 mandarijnen, geschild en in plakjes gesneden
- Sap van 1 limoen
- 2 eetlepels kokossuiker
- 1 kopje water

Instructies:
1. Doe de sinaasappelen met de mandarijnen en de overige ingrediënten in een pan, breng aan de kook en kook op middelhoog vuur gedurende 8 minuten.
2. Verdeel over kommen en serveer koud.

Voeding: Calorieën 170, Vet 2,3, Vezels 2,3, Koolhydraten 11, Eiwit 3,4

Pompoen crème

Bereidingstijd: 2 uur
Bereidingstijd: 0 minuten
Porties: 4

Ingrediënten:
- 2 kopjes kokosroom
- 1 kopje pompoenpuree
- 14 ons kokosroom
- 3 eetlepels kokossuiker

Instructies:
1. Meng de room met de pompoenpuree en de overige ingrediënten in een kom, klop goed, verdeel in kleine kommetjes en zet 2 uur in de koelkast alvorens te serveren.

Voeding: Calorieën 350, Vet 12,3, Vezels 3, Koolhydraten 11,7, Eiwit 6

Een mengsel van vijgen en rabarber

Bereidingstijd: 6 minuten
Bereidingstijd: 14 minuten
Porties: 4

Ingrediënten:

- 2 eetlepels kokosolie, gesmolten
- 1 kopje rabarber, grof gehakt
- 12 vijgen in tweeën gesneden
- ¼ kopje kokossuiker
- 1 kopje water

Instructies:

1. Verhit een pan met olijfolie op middelhoog vuur, voeg de vijgen en andere ingrediënten toe, meng, kook gedurende 14 minuten, verdeel in kopjes en serveer koud.

Voeding: Calorieën 213, Vet 7,4, Vezels 6,1, Koolhydraten 39, Eiwit 2,2

pittige bananen

Bereidingstijd: 4 minuten
Bereidingstijd: 15 minuten
Porties: 4

Ingrediënten:
- 4 bananen, geschild en in tweeën gesneden
- 1 theelepel gemalen nootmuskaat
- 1 theelepel gemalen kaneel
- Sap van 1 limoen
- 4 eetlepels kokossuiker

Instructies:
1. Leg de bananen op een bakplaat, voeg de nootmuskaat en de overige ingrediënten toe en bak gedurende 15 minuten op 180°C.
2. Verdeel de gebakken bananen over borden en serveer.

Voeding: Calorieën 206, Vet 0,6, Vezels 3,2, Koolhydraten 47,1, Eiwit 2,4

cacaococktail

Bereidingstijd: 5 minuten
Bereidingstijd: 0 minuten
Porties: 2

Ingrediënten:

- 2 theelepels cacaopoeder
- 1 avocado, ontpit, geschild en gepureerd
- 1 kopje amandelmelk
- 1 kop kokosroom

Instructies:

1. Meng de amandelmelk met de room en de overige ingrediënten in een blender, klop goed, verdeel in glazen en serveer koud.

Voeding: Calorieën 155, Vet 12,3, Vezels 4, Koolhydraten 8,6, Eiwit 5

bananenrepen

Bereidingstijd: 30 minuten
Bereidingstijd: 0 minuten
Porties: 4
Ingrediënten:

- 1 kopje kokosolie, gesmolten
- 2 bananen, geschild en in plakjes gesneden
- 1 avocado, geschild, ontpit en gepureerd
- ½ kopje kokossuiker
- ¼ kopje citroensap
- 1 theelepel citroenschil, geraspt
- Bak spray

Instructies:

1. Meng de bananen in een keukenmachine met de olie en de overige ingrediënten, behalve de kookspray, en meng goed.
2. Vet een bakplaat in met spray, giet en verdeel het bananenmengsel, dek af, zet 30 minuten in de koelkast, snijd de repen en serveer.

Voeding: Calorieën 639, Vet 64,6, Vezels 4,9, Koolhydraten 20,5, Eiwit 1,7

Groene thee en dadelrepen

Bereidingstijd: 10 minuten
Bereidingstijd: 30 minuten
Porties: 8

Ingrediënten:
- 2 theelepels groene theepoeder
- 2 kopjes kokosmelk, opgewarmd
- ½ kopje kokosolie, gesmolten
- 2 kopjes kokossuiker
- 4 losgeklopte eieren
- 2 theelepels vanille-extract
- 3 kopjes amandelmeel
- 1 theelepel zuiveringszout
- 2 theelepels gist

Instructies:
1. Doe de kokosmelk met het groene theepoeder en de overige ingrediënten in een kom, meng goed, giet het in een vierkant, smeer uit, bak, kook op 180°C gedurende 30 minuten, koel af, snijd in plakjes. in bars en diensten.

Voeding: Calorieën 560, Vet 22,3, Vezels 4, Koolhydraten 12,8, Eiwit 22,1

walnoot crème

Bereidingstijd: 2 uur
Bereidingstijd: 0 minuten
Porties: 4

Ingrediënten:
- 2 kopjes amandelmelk
- ½ kopje kokosroom
- ½ kopje walnoten, gehakt
- 3 eetlepels kokossuiker
- 1 theelepel vanille-extract

Instructies:
1. Meng de amandelmelk met de room en de overige ingrediënten in een kom, meng goed, verdeel in kopjes en zet 2 uur in de koelkast voordat je het serveert.

Voeding: Calorieën 170, Vet 12,4, Vezels 3, Koolhydraten 12,8, Eiwit 4

Citroencake

Bereidingstijd: 10 minuten
Bereidingstijd: 35 minuten
Porties: 6

Ingrediënten:
- 2 kopjes volkorenmeel
- 1 theelepel bakpoeder
- 2 eetlepels kokosolie, gesmolten
- 1 losgeklopt ei
- 3 eetlepels kokossuiker
- 1 kopje amandelmelk
- 1 citroenschil, geraspt
- 1 citroensap

Instructies:
1. Meng de bloem met de olie en de overige ingrediënten in een kom, klop goed, doe het op een bakplaat en bak op 180°C gedurende 35 minuten.
2. Snijd en serveer koud.

Voeding: Calorieën 222, Vet 12,5, Vezels 6,2, Koolhydraten 7, Eiwit 17,4

rozijnen repen

Bereidingstijd: 10 minuten
Kooktijd: 25 minuten
Porties: 6

Ingrediënten:
- 1 theelepel gemalen kaneel
- 2 kopjes amandelmeel
- 1 theelepel bakpoeder
- ½ theelepel gemalen nootmuskaat
- 1 kopje kokosolie, gesmolten
- 1 kopje kokossuiker
- 1 losgeklopt ei
- 1 kopje rozijnen

Instructies:
1. Meng de bloem met de kaneel en de overige ingrediënten in een kom, meng goed, spreid uit op een bakplaat, zet in de oven, kook op 180° gedurende 25 minuten, snij in reepjes en serveer koud.

Voeding: Calorieën 274, Vet 12, Vezels 5,2, Koolhydraten 14,5, Eiwit 7

nectarine vierkantjes

Bereidingstijd: 10 minuten
Bereidingstijd: 20 minuten
Porties: 4

Ingrediënten:
- 3 nectarines, ontpit en gehakt
- 1 eetlepel kokossuiker
- ½ theelepel zuiveringszout
- 1 kopje amandelmeel
- 4 eetlepels kokosolie, gesmolten
- 2 eetlepels cacaopoeder

Instructies:
1. Meng de nectarines met de suiker en de overige ingrediënten in een blender, meng goed, giet het in een beklede vierkante pan, verdeel het, bak op 180 graden gedurende 20 minuten, laat het mengsel iets afkoelen. , Snij in vierkanten en serveer.

Voeding: Calorieën 342, Vet 14,4, Vezels 7,6, Koolhydraten 12, Eiwit 7,7

druivenstoofpot

Bereidingstijd: 10 minuten
Bereidingstijd: 20 minuten
Porties: 4

Ingrediënten:
- 1 kop groene druiven
- Sap van ½ limoen
- 2 eetlepels kokossuiker
- Anderhalf glas water
- 2 theelepels kardemompoeder

Instructies:
1. Verhit een pan water op middelhoog vuur, voeg de druiven en andere ingrediënten toe, breng aan de kook, kook 20 minuten, verdeel over kommen en serveer.

Voeding: Calorieën 384, Vet 12,5, Vezels 6,3, Koolhydraten 13,8, Eiwit 5,6

mandarijn- en pruimencrème

Bereidingstijd: 10 minuten
Bereidingstijd: 20 minuten
Porties: 4

Ingrediënten:
- 1 mandarijn geschild en in stukjes gesneden
- ½ kilogram gedroogde pruimen, ontpit en gehakt
- 1 kop kokosroom
- 2 mandarijnensap
- 2 eetlepels kokossuiker

Instructies:
1. Meng de mandarijnen met de pruimen en de rest van de ingrediënten in een blender, meng goed, hak ze fijn, zet in de oven, kook op 180 graden gedurende 20 minuten en serveer koud.

Voeding: Calorieën 402, Vet 18,2, Vezels 2, Koolhydraten 22,2, Eiwit 4,5

Kersen- en aardbeiencrème

Bereidingstijd: 10 minuten
Bereidingstijd: 0 minuten
Porties: 6

Ingrediënten:
- 1 kilo ontpitte kersen
- 1 kopje gehakte aardbeien
- ¼ kopje kokossuiker
- 2 kopjes kokosroom

Instructies:
1. Meng de kersen met de overige ingrediënten in de blender, meng goed, verdeel in glazen en serveer koud.

Voeding: Calorieën 342, Vet 22,1, Vezels 5,6, Koolhydraten 8,4, Eiwit 6,5

Rijst- en kardemompudding

Bereidingstijd: 5 minuten
Kooktijd: 40 minuten
Porties: 4

Ingrediënten:
- 1 kop basmatirijst
- 3 kopjes amandelmelk
- 3 eetlepels kokossuiker
- ½ theelepel kardemompoeder
- ¼ kopje walnoten, gehakt

Instructies:
1. Meng de rijst met de melk en de overige ingrediënten in een pan, meng, kook gedurende 40 minuten op middelhoog vuur, verdeel in kommen en serveer koud.

Voeding: Calorieën 703, Vet 47,9, Vezels 5,2, Koolhydraten 62,1, Eiwit 10,1

peren brood

Bereidingstijd: 10 minuten
Bereidingstijd: 30 minuten
Porties: 4

Ingrediënten:
- 2 kopjes peren, ontpit en in blokjes gesneden
- 1 kopje kokossuiker
- 2 eieren, losgeklopt
- 2 kopjes amandelmeel
- 1 eetlepel gist
- 1 eetlepel kokosolie, gesmolten

Instructies:
1. Meng de peren met de suiker en de overige ingrediënten in een kom, klop op, giet het in de ovenschaal, zet in de oven en kook op 180 graden gedurende 30 minuten.
2. Snijd en serveer koud.

Voeding: Calorieën 380, Vet 16,7, Vezels 5, Koolhydraten 17,5, Eiwit 5,6

Rijstpudding en kersen

Bereidingstijd: 10 minuten
Kooktijd: 25 minuten
Porties: 4

Ingrediënten:
- 1 eetlepel kokosolie, gesmolten
- 1 kopje witte rijst
- 3 kopjes amandelmelk
- ½ kopje kersen, ontpit en gehalveerd
- 3 eetlepels kokossuiker
- 1 theelepel gemalen kaneel
- 1 theelepel vanille-extract

Instructies:
1. Meng in een pan de olie met de rijst en de overige ingrediënten, meng, breng aan de kook, kook gedurende 25 minuten op middelhoog vuur, verdeel in kommen en serveer koud.

Voeding: Calorieën 292, Vet 12,4, Vezels 5,6, Koolhydraten 8, Eiwit 7

watermeloen stoofpot

Bereidingstijd: 5 minuten
Bereidingstijd: 8 minuten
Porties: 4

Ingrediënten:
- Sap van 1 limoen
- 1 theelepel citroenschil, geraspt
- 1 1/2 kopjes kokossuiker
- 4 kopjes watermeloen, geschild en in grote stukken gesneden
- Anderhalf glas water

Instructies:
1. Doe de watermeloen met de citroenschil in een pan en voeg de overige ingrediënten toe, zet op middelhoog vuur, kook gedurende 8 minuten, verdeel in kommen en serveer koud.

Voeding:: calorieën 233, vet 0,2, vezels 0,7, koolhydraten 61,5, eiwit 0,9

gemberpudding

Bereidingstijd: 1 uur
Bereidingstijd: 0 minuten
Porties: 4

Ingrediënten:
- 2 kopjes amandelmelk
- ½ kopje kokosroom
- 2 eetlepels kokossuiker
- 1 eetlepel gember, geraspt
- ¼ kopje chiazaden

Instructies:
1. Meng de melk in een kom met de room en de overige ingrediënten, klop goed, verdeel in kopjes en zet 1 uur in de koelkast voordat u het serveert.

Voeding: Calorieën 345, Vet 17, Vezels 4,7, Koolhydraten 11,5, Eiwit 6,9

cashew crème

Bereidingstijd: 2 uur
Bereidingstijd: 0 minuten
Porties: 4

Ingrediënten:
- 1 kop gehakte cashewnoten
- 2 eetlepels kokosolie, gesmolten
- 2 eetlepels kokosolie, gesmolten
- 1 kop kokosroom
- eetlepels citroensap
- 1 eetlepel kokossuiker

Instructies:
1. Meng de cashewnoten met de kokosolie en de overige ingrediënten in een blender, meng goed, verdeel in kopjes en zet 2 uur in de koelkast voordat je het serveert.

Voeding: Calorieën 480, Vet 43,9, Vezels 2,4, Koolhydraten 19,7, Eiwit 7

hennep taarten

Bereidingstijd: 30 minuten
Bereidingstijd: 0 minuten
Porties: 6

Ingrediënten:
- 1 kopje amandelen, een nacht geweekt en uitgelekt
- 2 eetlepels cacaopoeder
- 1 eetlepel kokossuiker
- ½ kopje hennepzaad
- ¼ kopje geraspte kokosnoot
- ½ kopje water

Instructies:
1. Doe de amandelen met het cacaopoeder en de overige ingrediënten in een keukenmachine, meng goed, bekleed een bakplaat, zet 30 minuten in de koelkast, snijd in plakjes en serveer.

Voeding: Calorieën 270, Vet 12,6, Vezels 3, Koolhydraten 7,7, Eiwit 7

Kommen met amandelen en granaatappels

Bereidingstijd: 2 uur
Bereidingstijd: 0 minuten
Porties: 4

Ingrediënten:
- ½ kopje kokosroom
- 1 theelepel vanille-extract
- 1 kopje amandelen, gehakt
- 1 kopje granaatappelpitjes
- 1 eetlepel kokossuiker

Instructies:
1. Meng de amandelen met de room en de overige ingrediënten in een kom, meng, verdeel in kleine kommen en serveer.

Voeding: Calorieën 258, Vet 19, Vezels 3,9, Koolhydraten 17,6, Eiwit 6,2

Kippendijen en groenten met rozemarijn

Bereidingstijd: 10 minuten
Kooktijd: 40 minuten
Porties: 4

Ingrediënten:
- 2 kg kipfilet zonder vel, zonder bot, in blokjes gesneden
- 1 wortel, in blokjes gesneden
- 1 stengel bleekselderij, gehakt
- 1 tomaat, in blokjes gesneden
- 2 kleine rode uien, gehakt
- 1 courgette, in blokjes gesneden
- 2 teentjes knoflook, fijngehakt
- 1 eetlepel rozemarijn, gehakt
- 2 eetlepels olijfolie
- zwarte peper naar smaak
- ½ kopje natriumarme groentebouillon

Instructies:
1. Verhit een pan met olijfolie op middelhoog vuur, voeg de ui en knoflook toe, roer en bak 5 minuten.
2. Voeg de kip toe, meng en kook nog 5 minuten.
3. Voeg de wortel en andere ingrediënten toe, meng, breng aan de kook en kook op middelhoog vuur gedurende 30 minuten.
4. Verdeel het mengsel over borden en serveer.

Voeding: Calorieën 325, Vet 22,5, Vezels 6,1, Koolhydraten 15,5, Eiwit 33,2

Kip met wortelen en kool

Bereidingstijd: 10 minuten
Kooktijd: 25 minuten
Porties: 4

Ingrediënten:
- 1 kilo kipfilet zonder vel, uitgebeend en in blokjes gesneden
- 2 eetlepels olijfolie
- 2 wortels, schoongemaakt en geraspt
- 1 theelepel zoete paprika
- ½ kopje natriumarme groentebouillon
- 1 krop rode kool, gehakt
- 1 gele ui, gehakt
- zwarte peper naar smaak

Instructies:
1. Verhit een pan met olie op middelhoog vuur, voeg de ui toe, meng en bak 5 minuten.
2. Voeg het vlees toe en kook nog 5 minuten.
3. Voeg de wortel en andere ingrediënten toe, meng, breng aan de kook en kook op middelhoog vuur gedurende 15 minuten.
4. Verdeel alles over borden en serveer.

Voeding: Calorieën 370, Vet 22,2, Vezels 5,2, Koolhydraten 44,2, Eiwit 24,2

Sandwich met aubergines en kalkoen

Bereidingstijd: 10 minuten
Kooktijd: 25 minuten
Porties: 4

Ingrediënten:
- 1 kalkoenborst zonder vel en bot, in 4 stukken gesneden
- 1 aubergine, in 4 plakjes gesneden
- zwarte peper naar smaak
- 1 eetlepel olijfolie
- 1 eetlepel gehakte oregano
- ½ kopje natriumarme tomatensaus
- ½ kopje magere cheddarkaas, versnipperd
- 4 sneetjes volkorenbrood

Instructies:
1. Verhit een grill op middelhoog vuur, voeg de kalkoenplakken toe, besprenkel met de helft van de olie, bestrooi met zwarte peper, bak 8 minuten per kant en leg ze op een bord.
2. Leg de aubergineplakken op de voorverwarmde grill, besprenkel met de resterende olie en breng op smaak met zwarte peper, bak 4 minuten aan elke kant en leg ze op het bord met de kalkoenplakken.
3. Leg 2 sneetjes brood op een werkblad, verdeel de kaas in elk, verdeel de plakken aubergine en kalkoen in elk, bestrooi met oregano, besprenkel met de saus en leg de andere 2 sneetjes brood erop.
4. Verdeel de sandwiches over borden en serveer.

Voeding: Calorieën 280, Vet 12,2, Vezels 6, Koolhydraten 14, Eiwit 12

www.ingramcontent.com/pod-product-compliance
Lightning Source LLC
Chambersburg PA
CBHW071906110526
44591CB00011B/1563